Neuvaines
pour les jours difficiles

DU MÊME AUTEUR

Prières pour les causes difficiles ou désespérées, Éd. Chalet-Mame, Paris, 10ᵉ éd., 2006.

Prier le Rosaire avec la Bible, Éd. Saint-Paul, Paris, 7ᵉ éd. 2006.

Chemin de croix et d'amour, Éd. Chalet-Mame, 2ᵉ éd. 1995.

L'Ange de Tobie – messe, prières & pensées, Éd. Chalet-Mame, 7ᵉ éd., 2000.

Paroles de Saints, en collaboration avec Fr. Huscenot, Éd. Brepols, 2ᵉ éd. 1999.

L'humble de Dieu, Joseph de Nazareth, Éd. Parole et Silence, 2003.

Psaumes de tempête – pour ceux qui n'en peuvent plus, Éd. Parole & Silence, Paris, 2004.

Les 150 Psaumes de David, Éd. Pierre Téqui, Paris, 2007.

Le Nouveau Testament (révision de la traduction Crampon-1923, avec de nouvelles annotations et introductions), Éd. Pierre Téqui, Paris, 2004.

Frère BERNARD-MARIE, o.f.s.
Docteur en théologie

Neuvaines
pour les jours difficiles

Deuxième édition revue

Salvator
103, rue Notre-Dame des Champs
F-75006 Paris

Nihil obstat : Paris, le 9 septembre 2007
M. Dupuy, p.s.s.

Imprimatur : Paris, le 9 septembre 2007
Mgr M. Vidal, v.é.

Avertissement : Sauf avis contraire, les citations bibliques et patristiques de cet ouvrage ont été traduites par l'auteur à partir de l'hébreu, du grec et du latin. On peut joindre celui-ci à l'adresse électronique suivante : f.bernardmarie@free.fr

Illustration de couverture : Le Christ miséricordieux peint sur les indications de sainte Faustine d'après sa vision à Plock (Pologne) le 22 février 1931. Le tableau primitif fut réalisé par E. Kazimirowski en 1934 et celui figurant sur la couverture de cet ouvrage par A. Hyla en 1944. Du Cœur transpercé jaillissent le sang et l'amour symbolisés par les rayons rouges, et l'eau et la vie symbolisées par les rayons clairs (cf. Jn 19, 34). D.R.

© **Éditions Salvator**, Paris 2007 (2ᵉ édition 2008)
www.editions-salvator.com
ISBN : 978-2-7067-0519-9
Dépôt légal : novembre 2007

Introduction

Qu'est-ce qu'une neuvaine ?

On donne habituellement le nom de **neuvaine** (*novena* en latin) à une série d'exercices spirituels que l'on pratique durant *neuf* jours d'affilée. On s'arrange souvent pour la commencer neuf jours avant une fête liturgique présentant quelque rapport avec le thème choisi. À défaut de fête liturgique proche, l'Église conseille de choisir comme terme le dimanche, jour du Seigneur, ce qui invite à démarrer la neuvaine le samedi précédent.

Normalement, le but d'une neuvaine n'est pas *d'abord* l'obtention d'une grâce particulière, même si celle-ci peut être évoquée à un moment donné. Cet exercice spirituel vise avant tout à permettre au fidèle de mieux se préparer à la célébration d'une fête liturgique. À son humble place, elle est donc une démarche concrète de conversion, une forme de pèlerinage spirituel sur neuf jours consécutifs.

Le choix du chiffre « neuf »

Pourquoi avoir retenu le chiffre neuf plutôt qu'un autre ? Ce choix remonte au moins à l'époque de l'Antiquité romaine. On a, en effet, retrouvé dans le monde latin des attestations de célébrations religieuses après la mort d'un défunt. Ces célébrations duraient le plus souvent *neuf* jours. Dans les récits homériques, le chiffre neuf détenait une valeur symbolique découlant tout naturellement de l'expérience humaine : pour parvenir à l'achèvement du fœtus, donc à l'apparition au grand jour d'un être humain, il convenait et il convient toujours d'attendre *neuf* mois. À cela s'ajoute un fait mathématique d'observation courante : le chiffre neuf achève une série de base, le cycle des unités, et il annonce un nouveau commencement, celui des dizaines.

La leçon à tirer de tout cela – du moins, selon les Anciens –, c'est qu'en méditant un événement pendant neuf jours, voire neuf mois, on se met en quelque sorte en un état dynamique de « formation fœtale ». On augmente ainsi ses chances d'aboutir à une sorte de naissance, ou du moins de renaissance, avec émergence sur un « ailleurs » de meilleure qualité que l'état précédent. Au Moyen Âge, cette manière de voir fut reprise et christianisée. Pour honorer la maternité divine de Marie, qui porta *neuf* mois l'Enfant Jésus en son sein, et pour pouvoir revivre en cours d'année quelque chose de la grâce de Noël, on eut l'idée de résumer ces neuf mois en neuf jours.

Certains théologiens chrétiens préférèrent rapporter à Dieu lui-même le chiffre neuf. Dans la perspective du mystère trinitaire, le chiffre de Dieu était naturellement le « trois ». Pour signifier la perfection divine indépassable, il suffisait donc de multiplier ce chiffre trois par lui-même, ce qui donnait « neuf ». Ainsi, dans l'ancienne liturgie latine, c'est le nombre que l'on obtenait lorsqu'on totalisait les invocations du *Kyrie* au début de la messe. Nous devons bien en convenir, les Anciens étaient plus sensibles que nous à cette symbolique des nombres dont on retrouve des traces dans tous les livres bibliques, de la Genèse à l'Apocalypse. Il ne faut donc pas s'étonner que nos liturgies s'en fassent parfois l'écho, mais comme spontanément, sans chercher sciemment à s'y appesantir.

Historique de la neuvaine chrétienne

Selon d'éminents liturges parisiens, c'est d'abord au Moyen Âge que l'on découvre quelques rares attestations de neuvaines en l'honneur de tel ou tel saint (elles se récitaient surtout au moment des canonisations).

Cet exercice de piété se développa en Europe surtout au XVIIe siècle. Selon les informations qui nous furent communiquées en 1990 par Mgr Jounel, c'est au Portugal que l'on découvre l'existence parfaitement attestée d'une neuvaine préparatoire à Noël (en 1658). En Italie, à la fin du XVIIe siècle, on trouve aussi l'usage de neuvaines préparatoires à la fête de certains saints. La Vierge n'est pas non plus oubliée, puisqu'on célèbre une neuvaine à l'Immaculée Conception, à Farfa, dès 1763 (soit quatre-vingt onze ans avant la proclamation du dogme correspondant).

La neuvaine reçut en quelque sorte ses lettres de noblesse par l'intervention personnelle du pape Léon XIII. Il lui donna un caractère officiel sous forme d'une grande neuvaine universelle au Saint-Esprit (cf. Lettres apostoliques du 5 mai 1895 et du 8 mai 1897). Cette « neuvaine de la Pentecôte » avait du reste un but précis, qui reste actuel de nos jours : le retour de tous les chrétiens divisés à l'unité voulue par le Christ.

La neuvaine fut encore encouragée en 1973 dans le *Directoire pour le ministère pastoral des évêques* (cf. n° 91 § b), le texte demandant qu'on en pratique au moins quelques-unes, « surtout celles qui précèdent les solennités liturgiques ». Cependant, depuis la Réforme liturgique de Vatican II, cette forme de prière fut souvent laissée de côté. Sans doute était-ce une légitime réaction de prudence face à des excès. En effet, au cours de l'histoire, combien de fois l'exercice de la neuvaine ne fut-il pas dévié de son sens premier – la préparation d'une fête religieuse – pour en faire une sorte de recette magique à effet garanti ! Ne souhaitant pas intervenir directement sur le terrain souvent polémique de la piété populaire, le clergé toléra certains débordements, surtout quand ceux-ci restaient confinés à la stricte dévotion privée et ne portaient pas atteinte au credo catholique proprement dit. Cette attitude, qui se voulait pastorale, entraîna le repli de la neuvaine vers des formes parfois très peu liturgiques, très peu bibliques et fort teintées d'éléments affectifs, relevant notamment davantage de la broderie pieuse « pour édifier » que de l'histoire au sens rigoureux du terme.

Il nous semble que l'heure est venue de redonner à la neuvaine une place plus digne dans l'Église. Ne rien faire pour elle ou continuer de la rejeter dans les ténèbres de la religion dite « populaire », ce serait risquer d'abandonner un patrimoine chrétien toujours porteur de grâce. Ce serait peut-être aussi mépriser les humbles brebis du Seigneur. Certes, il convient de purifier la neuvaine de ses éventuelles scories, mais non de la supprimer de toute pratique chrétienne, tant s'en faut ! Toute action juste, qui peut aider le fidèle à mieux vivre sa foi en Église, doit être sauvegardée, voire adaptée, puis sincèrement encouragée.

Justification biblique et théologique

Comme l'énonce la Constitution conciliaire sur la Liturgie (au § 12), la vie spirituelle des croyants ne se trouve pas « enfermée dans la participation à la seule liturgie ». En dehors de la prière officielle en commun, tout baptisé doit aussi savoir « entrer dans sa chambre pour y prier le Père qui voit dans le secret » (Mt 6, 6). Saint Paul conseille même de « prier sans relâche » (1 Th 5, 17), ce qui sous-entend une certaine insistance, voire une prolongation durable de l'acte de prière. Il ne s'agit certes pas de « rabâcher comme les païens » (Mt 6, 7), mais de se *convertir* réellement à Dieu chaque jour un peu plus, de vivre plus saintement dans la présence du Très-Haut.

Un bel exemple biblique de la prière prolongée sur plusieurs jours est donné au livre de Tobie. On y raconte comment Sara, fille de Ragouël, avait été mariée successivement à sept hommes. Malheureusement, un démon particulièrement malfaisant les avait tués l'un après l'autre dès qu'ils avaient voulu s'unir à elle. Pour rompre cette forme de malédiction, Sara décida un jour de monter s'enfermer dans la chambre haute de sa maison et d'y rester *trois* jours et *trois* nuits, sans manger ni boire. Elle persévéra ainsi dans sa prière, suppliant Dieu de la délivrer de son malheur d'une manière ou d'une autre. Peu après, elle fut exaucée : l'archange Raphaël lui fut envoyé et lui révéla de quelle manière elle pourrait exorciser le démon qui l'opprimait (Tb 3, 7-17 d'après Vulgate).

Le Christ lui-même, dans sa parabole de l'ami importun (Lc 11, 5-8), encouragea ses disciples à savoir insister en certains cas, y compris dans leur prière au Père céleste.

Comme tout autre exercice spirituel répété, la neuvaine est donc une forme sagement adaptée d'*insistance* dans la prière. Bien que non liturgique, elle fait partie de ces « exercices sacrés du peuple chrétien » dont parle avec estime le Concile Vatican II (voir *Constitution sur la Liturgie*, § 13).

Pour être pleinement conforme aux vœux de l'Église, répétons-le, tout choix de neuvaine devrait s'efforcer de tenir compte du temps liturgique, ou du moins tâcher de s'harmoniser avec une fête prochaine qui soit en relation avec le thème choisi. La neuvaine gagnerait aussi à être pratiquée, au moins de temps en temps, à plusieurs plutôt que de façon strictement individuelle. Agir ainsi permettrait de répondre à ce souhait du Christ : « Quand deux ou trois sont rassemblés en mon nom, je suis là au milieu d'eux » (Mt 18, 20).

Neuvaine et communion des saints

Beaucoup de neuvaines s'adressent aux saints. Pourquoi donc à eux, simples créatures, et non pas directement à Dieu, seul tout-puissant et maître de toute chose ? Certes, toute prière remonte toujours à Dieu, mais lui-même a voulu que *certaines* de ses grâces ne soient dispensées que par le canal de ses fidèles serviteurs. On peut par exemple penser que Jésus n'aurait jamais changé l'eau en vin à Cana si sa mère n'était pas venue le trouver, se montrant même insistante : « Faites tout ce qu'il vous dira ! » (Jn 2, 5). Il est également certain que Pierre n'aurait jamais prié pour la résurrection de Tabitha si des habitants de la ville où celle-ci était décédée n'étaient venus le trouver en disant : « Viens chez nous au plus vite ! » (Ac 9, 38).

Les croyants qui demandent l'intercession d'un saint le font parce qu'ils se savent pécheurs et indignes d'être exaucés jusqu'au miracle. Plus ou moins consciemment, ils savent que le Royaume des cieux est une grande famille, une grande « communion », où tout est partagé et où Dieu est « tout en tous » (1 Co 15, 28). C'est ce même Dieu qui donne à tel bienheureux le don d'obtenir, par son intercession, tel type de miracle, à un autre tel genre de bienfait. Bien entendu, c'est toujours Dieu, dans et avec le saint, qui produit toute forme de grâce.

En 1968, le pape Paul VI exprima en quelques mots cet encourageant mystère : « Nous croyons que la multitude des âmes rassemblées autour de Jésus et de Marie au paradis, forme l'Église du ciel. Dans l'éternelle béatitude, elles voient Dieu tel qu'Il est et sont aussi, à des degrés divers, associées avec les anges au gouvernement divin exercé par le Christ en gloire. Elles aident ainsi notre faiblesse par leur sollicitude fraternelle. » Sainte Thérèse de l'Enfant-Jésus avait elle-même parfaitement saisi cette réalité du monde invisible, ce qui la poussa à déclarer vers la fin de sa vie : « Je veux passer mon Ciel à faire du bien sur la terre ! » (CJ, 17.7).

Puisque les saints sont nos amis d'en haut et qu'ils souhaitent nous transmettre des grâces de la part de Dieu, pourquoi ne les aiderions-nous pas en nous préparant à accueillir ces grâces le plus dignement possible ? Parmi bien d'autres manières de leur ouvrir notre cœur, il en existe une excellente : les prier *avec une neuvaine* et, le neuvième jour, communier à leurs intentions, surtout si ce jour est aussi celui de leur fête liturgique.

Plan de l'ouvrage

Ayant toujours eu le souci d'enraciner les neuvaines que nous présentons dans la terre nourricière de la Bible, de l'hagiographie la plus sûre et de la liturgie, il en a résulté certaines conséquences dans l'ordre suivi et les textes eux-mêmes.

Sachant que les gens en état de grande souffrance morale, et éventuellement physique, n'avaient pas nécessairement beaucoup de forces ni de temps à leur disposition, nous avons prévu de leur proposer sans tarder une dizaine de neuvaines « brèves ».

Les moins croyants y trouveront d'abord quelques psaumes appropriés à leur état. Puis sont nommés, selon un ordre à la fois biblique et théologique : le Père, le Fils et l'Esprit Saint, la Vierge Marie et son époux Joseph, enfin quelques saints traditionnellement invoqués dans les cas réputés « difficiles ».

Sachant également qu'il faut parfois persévérer plus longtemps dans la prière, insister respectueusement comme la Vierge à Cana ou la Cananéenne de Tyr, nous avons prévu une deuxième partie composée d'une dizaine de neuvaines « longues » (en fait, elles ne requièrent pas plus d'une demi-heure de temps par jour).

Les neuvaines à Notre Dame reprennent les titres de Marie qui sont explicitement mentionnés dans la liturgie romaine. Nous y avons ajouté deux neuvaines, souvent demandées, qui célèbrent deux apparitions mariales relativement récentes et reconnues par l'autorité ecclésiastique : celle de la Rue du Bac à Paris (1830) et celle de Lourdes (1848). Nous avons également prévu une neuvaine originale à Notre Dame « qui défait les nœuds », lui donnant une dimension biblique que les textes actuellement en circulation n'ont pas toujours.

Concernant les saints, nous avons retenu ceux qui sont les plus souvent invoqués dans les églises, notamment ceux qui sont reconnus comme dépositaires d'une vocation particulière que Dieu leur permet d'exercer du sein même de leur vie bienheureuse. Sainte Rita, par exemple, est considérée en de nombreux pays comme chargée d'une mission de consolation envers les désespérés. Sainte Thérèse de l'Enfant-Jésus, pour sa part, continue plus que jamais d'œuvrer en faveur des petits, des souffrants, des pécheurs…

Le livre s'achève par le rappel de quelques prières usuelles et des tables utiles : celle des fêtes selon l'ordre du calendrier romain ; une table thématique des intentions (attention : il n'y a rien d'automatique et de magique dans une neuvaine comme dans aucune autre prière réellement inspirée de l'Esprit Saint). Enfin, la table générale des matières.

Neuvaine mode d'emploi

Revenons encore une fois sur l'état d'esprit souhaitable pour prier une neuvaine avec fruit : une volonté de conversion traduite dans les faits, une orientation personnelle de la prière qui sache aussi s'ouvrir au « nous » communautaire. Enfin, une attitude d'authentique humilité et d'abandon à la Providence. Une neuvaine n'est donc pas une assurance spirituelle tout risque ni une recette magique à effet garanti. Elle est une modeste forme de prière paraliturgique qui se prolonge dans le temps non pour tâcher de convaincre Dieu, mais pour nous aider nous-mêmes à mieux nous accorder à sa sainte volonté. Celle-ci se trouve parfois voilée par les circonstances bruyantes et complexes de la vie sur terre. En ce sens, la neuvaine est une voie d'accès relativement aisée vers le discernement spirituel.

C'est généralement le premier jour de la neuvaine qu'on lit les informations données sur la fête, sur l'histoire du saint et les intentions. Sauf exception, il ne sera pas nécessaire d'y revenir les jours suivants. Les intentions données sont de simples suggestions et ne sont évidemment pas limitatives. Elles s'inspirent essentiellement de la Tradition et de la Liturgie romaine. Si l'Esprit y pousse, on pourra choisir la « grâce à demander » parmi les intentions présentées au début de la neuvaine.

Surtout pour les « neuvaines longues », les exercices prévus chaque jour se déroulent généralement selon schéma suivant :

1) *une lecture spirituelle*
Nous présentons une à trois citations de la Bible ou du saint. Les traductions sont de nous et chaque courte citation représente le fruit sélectionné d'une longue enquête exégétique, historique et théologique. Généralement, elles illustrent un trait caractéristique de la vie ou de l'enseignement du Christ Jésus ou du saint que l'on célèbre.

2) *une méditation*
Il s'agit d'une courte méditation théologique sur le thème évoqué par la lecture spirituelle, c'est-à-dire la citation du jour. Un effort concret est souvent discrètement suggéré à l'occasion.

3) *une oraison*
Habituellement, la première prière qui est proposée est d'ordre plus général et communautaire. La deuxième prière présente un caractère plus individuel et spécifique au genre de la neuvaine (c'est la partie « demande de grâce »).

4) *une conclusion*

Chaque jour, la neuvaine se termine par la récitation d'une prière usuelle (Notre Père, Je vous salue, telle prière célèbre d'un saint, etc.), parfois aussi par des litanies.

Le dernier jour de la neuvaine sera, si possible, un peu solennisé. Surtout le neuvième et dernier jour, on veillera à communier en l'honneur du saint célébré par l'Église. Cette pratique était déjà recommandée par sainte Gertrude au XIIIe siècle : « La Communion faite en l'honneur du saint du jour est très profitable, car chaque élu, le jour de sa fête, obtient à ceux qui le prient, les vertus qui l'ont caractérisé sur la terre » (*Le Héraut de l'Amour divin*, liv. V, ch. 42).

Enfin, ne soyons pas ingrats : sachons dire merci à Dieu qui exauce toujours d'une façon ou d'une autre ceux qui le prient d'un cœur pur.

Originalité du présent ouvrage

Cet ouvrage présente donc une vingtaine de neuvaines, quinze d'entre elles étant entièrement nouvelles. Toutes ont été enrichies de solides références bibliques, historiques, liturgiques et spirituelles. La période concernée est immense puisqu'elle part de l'Ancien Testament pour aller jusqu'à l'époque moderne avec sainte Thérèse de l'Enfant-Jésus.

Dans le cas de cinq neuvaines brèves (n°s 2, 3, 4, 5, 8), nous avons emprunté des textes très appréciés des fidèles et appartenant au domaine public. À l'exception du texte du Pape Jean-Paul II et quand la chose était possible, nous avons tenu à expliciter les citations bibliques qui n'étaient qu'implicites dans le texte primitif en notre possession. Il peut être réconfortant d'appuyer la prière personnelle sur des textes sollicitant souvent la sensibilité et l'imagination, mais pourquoi se priver de la réalité historique et biblique quand celle-ci est accessible et si belle ?

Le lecteur choisira la neuvaine qui lui conviendra le mieux en fonction de ses difficultés et aspirations du moment, en veillant, chaque fois que cela sera possible, à relier sa prière à la vie liturgique de l'Église.

Sommaire

NEUVAINES BRÈVES

« Quand vous priez, ne multipliez pas les paroles… car votre Père connaît vos besoins. »

Mt 6, 7-8

« Habituellement, la prière doit être brève et pure… »

Saint Benoît, *Règle*, XX, 4

« Quiconque demande reçoit, qui cherche trouve, à qui frappe on ouvrira. »

Luc 11, 10

« Pourquoi donc m'appelez-vous "Seigneur, Seigneur", si vous ne faites pas ce que je vous dis ? »

Luc 6, 46

1

Neuvaine psalmique pour confier sa peine à Dieu et solliciter la paix du cœur

Parfois, la peine est si grande, chez soi ou chez un proche, qu'on ne peut presque plus prier, sauf sous forme de plaintes, de larmes, puis d'un long et douloureux silence.

Si nous en sommes là, tentons une neuvaine de Psaumes en compagnie du roi David, ancêtre du Christ qui connut lui-même des périodes de doutes, de grandes souffrances et de graves péchés. Chacun des neuf jours à venir, récitons lentement l'un des Psaumes ci-après et demandons instamment à Dieu qu'Il nous accorde sa paix, celle que le monde ne peut imiter ni nous ravir quand elle règne enfin en nous.

À la fin de chaque récitation de Psaume, on pourra formuler une **prière de conclusion**. Nous proposons l'oraison suivante qui s'inspire directement d'une célèbre prière mariale du saint abbé Henri Perreyve (1831-1865) :

**PRIONS : Dieu très saint, dans ton éternité glorieuse,
n'oublie pas les tristesses de la terre.
Jette un regard de bonté sur ceux qui sont dans la souffrance,
qui luttent contre les difficultés
et qui ne cessent de tremper leurs lèvres aux amertumes de la vie.
Aie pitié de ceux qui s'aimaient et qui ont été séparés.
Aie pitié de ceux qui souffrent de l'isolement du cœur.
Aie pitié de la faiblesse de notre foi.
Aie pitié de ceux que nous aimons.
Aie pitié de ceux qui prient, de ceux qui tremblent,
de ceux qui pleurent.
Donne à tous l'espérance et la paix !
Amen.**

1er, 2e et 3e jour : **PSAUME 13**

Jusques à quand, Seigneur, m'oublieras-
    tu à tout moment ?
Jusques à quand me cacheras-tu ta Face ?
Jusques à quand serai-je dans la peine,
portant chaque jour mon chagrin au
    cœur ?
Jusques à quand l'adversité sera-t-elle la
    plus forte ?

Regarde, réponds-moi, Seigneur mon
    Dieu !
Apporte de la lumière à mes yeux,
afin que je ne m'endorme pas dans la
    mort,
afin que l'adversité ne crie pas victoire
et que personne ne se réjouisse de me
    voir chanceler.

Seigneur, j'ai grande confiance dans ta
    bonté.
Que mon cœur puisse enfin jubiler dans
    ton salut,
et que je puisse te louer pour tous tes
    bienfaits !
Amen.

Terminer par l'oraison de l'abbé Perreyve.

4ᵉ, 5ᵉ et 6ᵉ jour : **PSAUME 69**

**Sauve-moi, ô Dieu,
car les eaux me montent jusqu'à l'âme !
Me voici enfoncé dans une boue
profonde,
et rien pour reprendre pied.
Je suis tombé dans un gouffre d'eaux
et je me noie dans ces flots.
Je m'épuise à crier ; ma gorge est en feu ;
mes yeux se consument
dans l'attente de mon Dieu […]**

**Mon Dieu, exauce-moi au temps favo-
rable,
selon ta grande bonté et la vérité de ton
salut !
Retire-moi de la boue,
que je n'y reste plus enfoncé ;
que je sois délivré de mes ennemis
et des eaux profondes ! […]**

**Réponds-moi, Seigneur :
bienveillante est ta grâce.
Dans ta grande miséricorde, tourne-toi
vers moi,
et ne cache pas ta Face à ton serviteur !
Amen.**

Terminer par l'oraison de l'abbé Perreyve.

7e, 8e et 9e jour : **PSAUME 86**

**Aie pitié de moi, Seigneur,
toi vers qui je crie chaque jour.
Réjouis l'esprit de ton serviteur,
toi, Seigneur, vers qui j'élève mon âme.**

**Oui, Seigneur, tu es bon et clément,
plein de compassion pour ceux qui
   t'invoquent.
Écoute ma prière,
sois attentif à la voix qui te supplie. [...]**

**Toi, Seigneur, tu es un Dieu
de miséricorde et de pitié,
lent à la colère,
riche en bonté et fidélité. [...]**

**Donne-moi un signe de ta bonté :
que mes adversaires le voient et soient
   confondus,
car c'est toi, Seigneur,
qui m'auras aidé et consolé !
Amen.**

Terminer par l'oraison de l'abbé Perreyve.

2

Neuvaine au Père
miséricordieux
pour une guérison intérieure
– d'après le Père Tardif –

En 1994, cinq ans avant sa mort, le Père Tardif nous écrivait ceci : « La guérison des malades fait intégralement partie de la mission du chrétien. Annoncer la Bonne Nouvelle, c'est aussi prier pour les malades, car leur guérison est un signe de la victoire de Jésus sur le péché : "Pour que les hommes sachent que le Fils de l'homme a sur la terre le pouvoir de pardonner les péchés, lève-toi, prends ton grabat et marche !" (Mc 2, 10). La guérison des malades vient donc donner de la crédibilité à la Parole de Dieu qu'il nous est demandé de proclamer. » Ce grand témoin nous avait alors accordé la permission de publier l'une ou l'autre de ses prières, si cela pouvait faire du bien à un grand nombre. En nous servant de plusieurs éléments épars, nous proposons donc ci-après une prière de guérison qui porte plus particulièrement, mais non exclusivement, sur la vie intérieure de la personne. Jésus lui-même avait prévenu les siens : « Si ton œil est pur, tout ton corps sera lumineux » (Mt 6, 22), parole que l'on pourrait interpréter ainsi : si ta vie intérieure va vers la vraie lumière, tout ton corps en profitera.

S'agissant d'une neuvaine, on formulera cette prière neuf jours de suite pour la guérison intérieure d'une personne que l'on nommera, sa présence physique n'étant pas nécessairement requise.

On veillera à prier dans l'esprit souhaité par l'Église, c'est-à-dire en subordonnant toujours notre propre désir, même parfaitement juste, aux mystérieux desseins de la Providence divine qui peut vouloir maintenir quelqu'un sur le Golgotha pour des raisons qui, à vue humaine, sont incompréhensibles.

Seigneur, Père saint et juste, nous croyons que tu es « Amour » (1 Jn 4, 16) **et que tu souhaites fortement « que tous les hommes soient sauvés »** (1 Tm 2, 4).

Nous croyons que tu es présent partout et qu'en toi seul « nous avons la vie, le mouvement et l'être » (Ac 17, 28).

Nous croyons que par ta Parole, tes sacrements et toutes tes grâces, tu viens vers nous avec ton Fils et ton Esprit pour faire en nous votre « demeure » (Jn 14, 23).

Or, tu le sais, Seigneur, X. [dire ici le prénom], **la personne que nous te présentons aujourd'hui, est malade. Sa lampe intérieure s'est affaiblie, elle n'éclaire plus comme il faudrait et, du coup, tout s'est assombri en elle et autour d'elle.**

Notre Père et notre Dieu, toi qui es la plénitude de la vie, toi qui nous as aimés au point de nous donner ton propre Fils Jésus pour nous délivrer de tout mal (Mt 6, 13), **aie compassion de X. Cette personne souffre dans son âme, dans son cœur, dans son corps.**

Par la puissance de ton Esprit vivifiant, par la puissance de la sainte Passion de ton Fils, par l'intercession de la Vierge des douleurs qui est aussi notre Mère, viens guérir toutes les blessures intérieures de X. Ne regarde pas ses péchés, ses erreurs, ses limites, mais considère seulement sa foi et la nôtre.

Entre dans ce cœur blessé, Seigneur, comme ton Fils est entré le soir de Pâques dans la maison où s'étaient réfugiés les disciples apeurés. Ton Fils leur dit : « La paix soit avec vous ! » (Jn 20, 19) et aussitôt une paix surnaturelle s'alluma dans leur cœur qui devint « tout joyeux » (Jn 20, 20). Accorde cette même grâce à X., nous te le demandons instamment au nom de ton amour miséricordieux.

Confiant que tu nous écoutes avec bienveillance, ô notre Père d'amour, nous te remercions pour cette prière que tu mets dans nos cœurs en faveur de X. que tu aimes infiniment, donc bien plus que nous. Améliore sa santé spirituelle, morale et physique pour que cette personne que tu as créée et sanctifiée puisse désormais mieux te louer et te servir durant tous les jours de sa vie.

Seigneur, merci pour tous tes bienfaits ! Quelle que soit la forme d'exaucement que tu réserves à notre prière de ce jour, nous te louons de tout notre cœur. Nous nous abandonnons tout entiers à ta miséricorde et à tes desseins providentiels, toi qui es Amour et Vérité. Amen.

3

Neuvaine à Jésus miséricordieux pour une cause difficile
– d'après le saint Padre Pio –

Historique et raison de cette neuvaine

Cette neuvaine, que la ferveur populaire a parfois qualifiée d'irrésistible, fut pour l'essentiel composée par le saint Padre Pio (1887-1968). Nous l'avons légèrement remaniée pour l'enraciner encore davantage dans la Parole de Dieu. Le célèbre capucin stigmatisé la priait très souvent et la recommandait volontiers à ses filles et fils spirituels, notamment les plus éprouvés. Étant brève, dense et foncièrement évangélique, il nous a semblé opportun de la proposer dès le début de ces pages à toute personne traversant des jours « difficiles » ou portant au cœur une intention particulièrement urgente et pénible.

Quand faire la neuvaine

On pourra commencer cette neuvaine quand on le souhaite, mais, pour pouvoir la conclure un dimanche, jour du Seigneur, mieux vaudrait la démarrer le samedi de la semaine précédente. Au cours des neuf jours consécutifs, il serait bon de poser quelques actes concrets signifiant une sincère volonté de conversion (ces recommandations valent également pour toutes les neuvaines de ce livre). On pourra, par exemple, poser les œuvres bonnes suivantes : le don d'un pardon total toujours différé, la confession sacramentelle, une visite au Saint-Sacrement dans une église proche, un petit sacrifice discret au moins le vendredi, la méditation de l'évangile du jour, l'assistance à une messe de semaine en plus de celle du dimanche, l'aumône d'un sourire et d'un geste d'entraide en faveur d'un pauvre rencontré… Il n'est pas nécessaire de trop en faire, mais de chercher à bien accomplir dans la foi ce vers quoi pousse la conscience et invite l'Église.

On commencera par se réserver quinze minutes silencieuses d'affilée. On se mettra dans la présence du Christ ressuscité qui nous voit, nous comprend et nous aime. Puis, chacun des neuf jours consécutifs, on lui parlera avec l'aide des paroles qui suivent, comme un enfant confiant qui s'adresse à un père aimant.

Prière de la neuvaine

Ô Jésus, toi qui as déclaré : « En vérité, je vous le dis, demandez et vous recevrez, cherchez et vous trouverez, frappez et l'on vous ouvrira ! » (Lc 11, 9)**, voici que je frappe, que je cherche et que je te demande la grâce suivante...** (la formuler ici).

Ô Jésus, dont le Cœur est riche en miséricorde pour les pécheurs et les souffrants, j'ai confiance en toi et j'espère en toi !

Puis on prie un Notre Père, un Je vous salue Marie et un Gloire à Dieu (le texte de ces prières usuelles se trouve en fin d'ouvrage).

Ô Jésus, toi qui as déclaré : « En vérité, je vous le dis, tout ce que vous demanderez à mon Père en mon nom, il vous l'accordera ! » (Jn 16, 23)**, voici qu'à ton Père, en ton nom, je demande la grâce suivante...** (la reformuler ici).

Ô Jésus, dont le Cœur est riche en miséricorde pour les pécheurs et les

souffrants, j'ai confiance en toi et j'espère en toi !

On prie un Notre Père, un Je vous salue Marie et un Gloire à Dieu.

Ô Jésus, toi qui as déclaré : « En vérité, je vous le dis, le ciel et la terre passeront, mais mes paroles ne passeront pas ! » (Mt 24, 35), **voici que m'appuyant sur le rocher de tes saintes paroles, je te demande la grâce suivante…** (la reformuler ici).

Ô Jésus, dont le Cœur est riche en miséricorde pour les pécheurs et les souffrants, j'ai confiance en toi et j'espère en toi !

On prie un Notre Père, un Je vous salue Marie et un Gloire à Dieu.

Prières conclusives

Saint Joseph, qui fus si prévenant pour l'Enfant Jésus, prie pour nous.

Salve Regina : **Salut, ô Reine, Mère de miséricorde, notre vie, notre douceur, notre espérance, salut ! Enfants d'Ève exilés, nous crions vers toi. Vers toi nous** soupirons, gémissant et pleurant, dans cette vallée de larmes. Ô toi, notre avocate, tourne vers nous tes regards miséricordieux. Et après l'exil de cette vie, montre-nous Jésus, le fruit béni de tes entrailles. Ô clémente, ô miséricordieuse, ô très douce Vierge Marie !

Ô Jésus très miséricordieux, pour qui il est impossible de ne pas avoir compassion des malheureux, aie pitié de nous, pauvres pécheurs, et accorde-nous la grâce que nous te demandons dans cette neuvaine, sollicitant également l'intercession de ta Mère immaculée qui est aussi la nôtre. Amen.

4

Neuvaine au Saint-Esprit pour mieux connaître la volonté de Dieu – d'après Saint Alphonse de Liguori –

Pourquoi faire cette neuvaine

Saint Paul soutient que « celui qui n'a pas l'Esprit du Christ, ne lui appartient pas » (Rm 8, 9). Saint Séraphim de Sarov (1759-1833) le disait autrement quand il déclarait à son disciple Moto-vilov que « c'est dans l'acquisition de l'Esprit de Dieu que réside le vrai but de la vie chré-tienne ». Souhaiter que le Règne de Dieu arrive en nous, revient à souhaiter que l'Esprit Saint nous envahisse tout entiers pour faire en nous sa « demeure » (Jn 14, 23) et de nous ses « amis » (Jn 15, 15). C'est ce qui faisait dire à saint Augustin que l'homme était « un composé de corps, d'âme et d'Esprit Saint ».

Si nous traversons des jours « difficiles », c'est le moment où jamais de prier l'Esprit Saint pour lui demander de nous aider. Qu'il vienne s'unir encore davantage à notre âme et à notre vie. Qu'il vienne irriguer tout ce que nous sommes de ses sept dons – ce chiffre exprimant non une limitation mais un symbole de plénitude : crainte ou mieux respect de Dieu, piété, science, force, conseil, intelligence et sagesse (cf. Is 11, 2-3). Qu'à la faveur de ces grands dons demandés chaque jour, il nous aide à mieux discerner la volonté de Dieu pour ensuite mieux la vivre. Voilà ce que nous allons solliciter neuf jours durant, nous servant pour cela des méditations de saint Alphonse de Liguori, évêque et docteur de l'Église. Il naquit à Naples en 1696, devint prêtre et prédicateur renommé. En 1732, il fonda la congrégation des Rédemptoristes pour l'évangélisation des campagnes. En 1762, il devint évêque et rédigea de nombreux traités de spiritualité et de théologie morale. Il mourut en 1787.

Intentions principales de la neuvaine

• Mieux connaître la volonté de Dieu, mieux discerner notre ou nos vocations.
• L'ouverture de notre cœur aux sept dons de l'Esprit Saint.
• Une vie vraiment animée de l'intérieur par les trois Personnes trinitaires.

Quand faire la neuvaine

Le meilleur moment pour entreprendre cette neuvaine serait quelques jours avant le dimanche de la Pentecôte, qui est la grande fête du Saint-Esprit dans l'Église. Cela ferait alors commencer la neuvaine le samedi de la semaine précédente. À défaut, on pourra la démarrer n'importe quel samedi de l'année.

Premier jour

Prions l'Esprit Saint. Demandons-lui d'abord le don d'un grand *respect pour Dieu*.

Esprit Saint, divin Consolateur, je t'adore comme notre vrai Dieu, à l'égal de Dieu le Père et de Dieu le Fils.

Je m'unis à toutes les louanges qu'élèvent vers toi les anges et les archanges.

Je t'offre mon cœur et te rends grâce pour tous les bienfaits que tu répands sans cesse dans le monde.

Toi qui es l'Auteur de tous les dons surnaturels et qui as comblé la bienheureuse Marie, Mère de Dieu, je te prie de me visiter par ta grâce et de m'accorder le don de saint respect, afin qu'il me serve de frein pour ne jamais retomber dans mes fautes passées que je regrette sincèrement. Amen.

En conclusion, on récite le « Veni Sancte Spiritus » (ou le « Veni Creator », p. 312).

Viens, Esprit Saint, et envoie du haut du ciel un rayon de ta Lumière !

Viens en nous, Père des pauvres, viens Donateur de tout bien, viens Lumière des cœurs !

Tu es le Consolateur très bon, l'Hôte très doux de nos âmes, la rafraîchissante Douceur.

Tu es le Repos dans le labeur, tu es la Tiédeur dans la canicule, tu es la Consolation dans les larmes.

Ô bienheureuse Lumière, viens remplir jusqu'à l'intime le cœur de tes fidèles !

Sans ta divine Puissance, il n'y a rien dans l'homme, rien qui soit saint.

Lave ce qui est souillé, arrose ce qui est aride, guéris ce qui est blessé !

Assouplis ce qui est raide, réchauffe ce qui est froid, redresse ce qui est faussé !

Donne à tes fidèles qui se confient en toi, tes sept dons sacrés !

Donne-leur le mérite des vertus, donne-leur de bien sortir de cette vie, donne-leur la Joie éternelle ! Amen.

Deuxième jour

Demandons à présent le don de *piété*.

Esprit Saint, divin Consolateur, je t'adore comme notre vrai Dieu, à l'égal de Dieu le Père et de Dieu le Fils.

Je m'unis à toutes les louanges qu'élèvent vers toi les anges et les archanges.

Je t'offre mon cœur et te rends grâce pour tous les bienfaits que tu répands sans cesse dans le monde.

Toi qui es l'Auteur de tous les dons surnaturels, et qui as comblé d'immenses faveurs la bienheureuse Marie, Mère de Dieu, je te prie de me visiter par ta grâce et ton amour, et de m'accorder le don de piété, afin que je puisse à l'avenir te servir avec plus de ferveur, suivre avec plus de promptitude tes inspirations et observer plus exactement tes divins préceptes. Amen.

En conclusion, on récite le « Veni Sancte Spiritus » (cf. fin du 1er jour, page 42).

Troisième jour

Prions l'Esprit Saint. Demandons-lui aujour-
d'hui le don de *science*.

**Esprit Saint, divin Consolateur, je
t'adore comme notre vrai Dieu, à l'égal
de Dieu le Père et de Dieu le Fils.**

**Je m'unis à toutes les louanges qu'élè-
vent vers toi les anges et les archanges.**

**Je t'offre mon cœur et te rends grâce
pour tous les bienfaits que tu répands
sans cesse dans le monde.**

**Toi qui es l'Auteur de tous les dons sur-
naturels et qui as comblé d'immenses
faveurs la bienheureuse Marie, Mère de
Dieu, je te prie de me visiter par ta grâce
et ton amour, et de m'accorder le don de
science, afin que je puisse bien connaître
les choses de Dieu, et qu'éclairé par ton
enseignement, je marche sans jamais
dévier dans la voie du salut éternel.
Amen.**

En conclusion, on récite le « Veni Sancte Spiritus » (cf. fin du 1er jour).

Quatrième jour

Prions l'Esprit Saint. Demandons-lui aujourd'hui le don de *force*.

Esprit Saint, divin Consolateur, je t'adore comme notre vrai Dieu, à l'égal de Dieu le Père et de Dieu le Fils.

Je m'unis à toutes les louanges qu'élèvent vers toi les anges et les archanges.

Je t'offre mon cœur et te rends grâce pour tous les bienfaits que tu répands sans cesse dans le monde.

Toi qui es l'Auteur de tous les dons surnaturels et qui as comblé d'immenses faveurs la bienheureuse Marie, Mère de Dieu, je te prie de me visiter par ta grâce et ton amour, et de m'accorder le don de force, afin que je puisse surmonter courageusement toutes les attaques du démon et tous les dangers du monde qui s'opposent au salut de mon âme. Amen.

En conclusion, on récite le « Veni Sancte Spiritus » (cf. fin du 1er jour).

Cinquième jour

Prions l'Esprit Saint. Demandons-lui aujour-d'hui le don de *conseil*.

Esprit Saint, divin Consolateur, je t'adore comme notre vrai Dieu, à l'égal de Dieu le Père et de Dieu le Fils.

Je m'unis à toutes les louanges qu'élè-vent vers toi les anges et les archanges.

Je t'offre mon cœur et te rends grâce pour tous les bienfaits que tu répands sans cesse dans le monde.

Toi qui es l'Auteur de tous les dons sur-naturels et qui as comblé d'immenses faveurs la bienheureuse Marie, Mère de Dieu, je te prie de me visiter par ta grâce et ton amour, et de m'accorder le don de conseil, afin que je puisse bien choisir tout ce qui est le plus conforme à mon avancement spirituel et déjouer tous les pièges de l'esprit tentateur. Amen.

En conclusion, on récite le « Veni Sancte Spi-ritus » (cf. fin du 1er jour).

Sixième jour

Prions l'Esprit Saint. Demandons-lui aujour-d'hui le don d'*intelligence*.

Esprit Saint, divin Consolateur, je t'adore comme notre vrai Dieu, à l'égal de Dieu le Père et de Dieu le Fils.

Je m'unis à toutes les louanges qu'élèvent vers toi les anges et les archanges.

Je t'offre mon cœur et te rends grâce pour tous les bienfaits que tu répands sans cesse dans le monde.

Toi qui es l'Auteur de tous les dons surnaturels et qui as comblé d'immenses faveurs la bienheureuse Marie, Mère de Dieu, je te prie de me visiter par ta grâce et ton amour, et de m'accorder le don d'intelligence, afin que je puisse mieux comprendre les choses célestes tout en me détachant des vanités de ce monde. Amen.

En conclusion, on récite le « Veni Sancte Spiritus » (cf. fin du 1er jour).

Septième jour

Prions l'Esprit Saint. Demandons-lui aujourd'hui le don de *sagesse*.

Esprit Saint, divin Consolateur, je t'adore comme notre vrai Dieu, à l'égal de Dieu le Père et de Dieu le Fils.

Je m'unis à toutes les louanges qu'élèvent vers toi les anges et les archanges.

Je t'offre mon cœur et te rends grâce pour tous les bienfaits que tu répands sans cesse dans le monde.

Toi qui es l'Auteur de tous les dons surnaturels et qui as comblé d'immenses faveurs la bienheureuse Marie, Mère de Dieu, je te prie de me visiter par ta grâce et ton amour, et de m'accorder le don de sagesse, afin que je puisse bien diriger toutes mes actions, en les rapportant à Dieu comme à ma fin dernière, de sorte qu'en l'aimant et en le servant le mieux possible en cette vie, j'aie le bonheur de le posséder éternellement en l'autre. Amen.

En conclusion, on récite le « Veni Sancte Spiritus » (cf. fin du 1er jour).

Huitième jour

Prions l'Esprit Saint. Demandons-lui aujour-
d'hui *notre propre sanctification.*

**Esprit Saint, divin Paraclet, Père des
pauvres, Consolateur des affligés,
Lumière des cœurs, Sanctificateur des
âmes, me voici prosterné en ta présence.**

**J'ai souvent été insensible à tes bonnes
inspirations ; je t'ai offensé par bien des
péchés. Je t'en demande pardon aujour-
d'hui, regrettant vivement de t'avoir
attristé, toi l'Amour infini.**

**M'unissant à tous les anges et
archanges de la cour céleste, je viens à
présent t'adorer, te répétant avec eux :
« Saint, saint, saint ! »**

**Je crois fermement que tu es éternel,
procédant du Père et du Fils. J'espère
que, par ta miséricorde, tu sanctifieras
mon âme et la sauveras.**

**Je t'aime, ô Dieu d'amour ! Je t'aime
plus que tout. Je t'aime de toutes mes
forces, parce que tu es la Bonté infinie qui
seule mérite tout amour. Amen.**

En conclusion, on récite le « Veni Sancte Spiritus » (cf. fin du 1er jour).

Neuvième jour

Prions l'Esprit Saint. Demandons-lui en ce dernier jour *la sanctification du monde entier.*

Esprit divin, je t'offre mon cœur et celui de tous les hommes, te suppliant d'y faire entrer un rayon de ta lumière et une étincelle de ton feu, pour y faire fondre la glace qui s'y trouve.

Toi qui as comblé l'âme de la Vierge Marie et enflammé d'ardeur mission-naire les apôtres, daigne aussi embraser toutes les âmes.

Que la Vierge Marie, qui a obtenu le vin des noces de Cana, nous obtienne le vin de ton Amour infini qui enivra les apôtres le jour de la Pentecôte !

Que par son intercession surgisse de nouveaux apôtres tout enflammés de la cause du Règne de Dieu !

Toi qui es l'Esprit même de Dieu, for-tifie-nous contre les mauvais esprits !

Toi qui es Feu, allume en nous le feu de ton amour !

Toi qui es Lumière, fais-nous connaî-tre les choses célestes !

Toi qui es comme une pure Colombe, donne-nous des mœurs élevées !

Toi qui es comme un Souffle léger, dis-sipe les orages de nos passions !

Toi qui es l'Âme de toute prière, enseigne-nous la louange perpétuelle !

Toi qui es Nuée mystérieuse, place-nous à l'abri de ton ombre sainte !

Auteur de tous les dons célestes, viens nous vivifier par ta grâce, viens nous sanctifier par ta charité, viens nous gouverner par ta sagesse, fais de nous tes enfants et sauve-nous tous par ta miséricorde !

Que nous ne cessions jamais de te bénir, de te louer et de t'aimer sur la terre et durant toute l'éternité ! Amen.

En conclusion, on récite le « Veni Sancte Spiritus » (cf. fin du 1er jour) et, si aucun péché grave ne l'empêche, on communie en l'honneur de l'Esprit Saint.

5

Neuvaine à Marie
Mère des hommes,
pour le monde en danger
– du Pape Jean-Paul II –

Pourquoi faire cette neuvaine

Les « jours difficiles » peuvent parfois survenir pour un peuple, un continent, voire pour le
monde entier. Il existe des dangers graves qui
menacent la survie de la planète, et beaucoup
d'entre eux viennent de la responsabilité directe
des hommes : guerres, corruptions, violences,
haines, indifférences, égoïsmes forcenés, fana-
tismes… La multiplication des moyens de des-
truction et l'irrespect pour toute forme de vie
accroissent les risques de conflits et de mort. Il est
bon régulièrement d'y réfléchir, de mesurer notre
propre responsabilité et de tenter de réagir en
serviteur de la paix. La présente neuvaine est une
saine réaction « par le haut », mais il ne faudrait

pas s'en contenter. Comme l'a fait en son temps le pape Jean-Paul II, tâchons, là où nous sommes, de faire passer le bien et l'ordre voulu par Dieu dans nos actes quotidiens, et cela tout au long de notre existence.

C'est à la mère de Jésus, la Vierge Marie, que nous demandons de prier avec nous et d'intercéder pour nous. Elle est devenue la mère de toute l'humanité au pied de la Croix comme le suggère la parole de Jésus crucifié à sa mère debout près de l'apôtre Jean : « Femme, voici ton fils ! » (Jn 19, 26). Nous prierons donc cette neuvaine comme des enfants parlant à une tendre mère, elle-même blessée au cœur par tous les péchés, et donc capable de comprendre nos graves soucis humains.

Quand faire la neuvaine

On pourra commencer la neuvaine quand on le souhaite, mais, pour pouvoir la terminer un dimanche, jour du Seigneur, mieux vaudrait la démarrer le samedi de la semaine précédente. Il serait également salutaire d'aller se confesser durant ces jours et de communier aux intentions de la neuvaine le dimanche qui la clôture.

Prière à réciter neuf jours consécutifs

Ô Mère des hommes et des peuples, aide-nous à vaincre la menace du mal qui s'enracine si facilement dans le cœur des hommes d'aujourd'hui et qui, avec ses effets incommensurables, pèse déjà sur la vie actuelle et semble fermer les voies vers l'avenir !

De la faim et de la guerre, délivre-nous !

De la guerre nucléaire, d'une autodestruction incalculable, de toutes sortes de guerres, délivre-nous !

Des péchés contre la vie de l'homme depuis ses premiers moments, délivre-nous !

De la haine et de la dégradation de la dignité des fils et filles de Dieu, délivre-nous !

De tous les genres d'injustice dans la vie sociale, nationale et internationale, délivre-nous !

De la facilité avec laquelle on piétine les commandements de Dieu, délivre-nous !

De la tentative d'éteindre dans les cœurs humains la vérité même de Dieu, délivre-nous !

De la perte de la conscience du bien et du mal, délivre-nous !

Des péchés contre l'Esprit Saint, délivre-nous ! Délivre-nous !

Écoute, ô Mère du Christ, ce cri chargé de la souffrance de tous les hommes ! Chargé de la souffrance de sociétés entières !

Aide-nous, par la puissance de l'Esprit Saint, à vaincre tout péché : le péché de l'homme et le « péché du monde », le péché sous toutes ses formes.

Que se révèle encore une fois dans l'histoire du monde l'infinie puissance salvifique de la Rédemption, la puissance de l'Amour miséricordieux ! Qu'il arrête le Mal ! Qu'il transforme les consciences ! Que dans ton Cœur immaculé se manifeste pour tous la lumière de l'Espérance ! Amen.

Pape Jean-Paul II, le 25 mars 1984 (extraits)

On continue par un chant à Marie comme
« Vierge Sainte, Dieu t'a choisie » (V 136), ou
l'hymne « Ave Maria » qui suit :

Salut graciée de Dieu,
paix à toi comblée de grâce,
joie à toi sainte Immaculée !
Oh oui, pour toujours,
salut, paix et joie à toi !

Salut mère de notre amour Jésus,
paix à toi mère de notre Dieu,
joie à toi mère de l'Église !
Oh oui, pour toujours,
salut, paix et joie à toi !

Salut, reine des anges,
paix à toi reine des saints,
joie à toi reine des pauvres !
Oh oui, pour toujours,
salut, paix et joie à toi !

Salut épouse du Saint-Esprit,
paix à toi médiatrice de grâce,
joie à toi femme couronnée d'étoiles !
Oh oui, pour toujours,
salut, paix et joie à toi !

Fr. B.M.

On conclut par un Gloire à Dieu.

6

Neuvaine à saint Joseph
fils de David,
époux et travailleur
– pour une aide concrète dans
un cas difficile –

Pourquoi faire cette neuvaine

Méditant sur la parole du Pharaon au peuple affamé d'Égypte : « Allez à Joseph : faites tout ce qu'il vous dira ! » (Gn 41, 55), le pape Pie XI l'appliqua au chef de la sainte Famille pour en tirer un message à l'adresse de toute l'Église : « Allez à Joseph, car il peut tout auprès du divin Rédempteur et auprès de sa Mère ! » (13 mars 1935).

Cette confiance dans le pouvoir d'intercession de saint Joseph fut partagée par bien des saints, entre autres par sainte Thérèse d'Avila qui écrivait au XVIe siècle : « Saint Joseph nous assiste non pas dans tel ou tel de nos besoins, mais dans tous… Adressez-vous à lui de préférence, car il a beaucoup de crédit auprès de Dieu. » (*Vie*, ch. VI).

Fort de ces recommandations, nous allons prier la neuvaine qui suit à la lumière de l'Évangile qui dit l'essentiel sur ce grand saint si discret. C'était un homme juste, ami du silence, prompt à obéir à Dieu, époux et père modèle, bon ouvrier. En 1870, le pape Pie IX le proclama « protecteur de l'Église universelle ». N'hésitons donc pas à solliciter par son intercession telle faveur, même apparemment très prosaïque, car, si celle-ci peut contribuer à renforcer notre foi en Dieu et notre paix intérieure, nul doute qu'il appuiera notre supplication en père très aimant et attentif qu'il est toujours.

Quand faire la neuvaine

Le meilleur moment pour entreprendre cette neuvaine serait le 11 mars, ce qui permettrait de la clôturer le 19 mars, en la fête liturgique du saint. On pourrait aussi viser la fête de saint Joseph Artisan le 1er mai (début le 23 avril). À défaut, on pourra la démarrer n'importe quel mardi de l'année pour l'achever le mercredi de la semaine suivante, jour traditionnellement consacré à saint Joseph.

Prière de la neuvaine

Saint Joseph, apprends-nous à mieux aimer Jésus et sa Mère, apprends-nous à les prier comme le veut le Père dont tu fus, auprès d'eux, le mandataire et la silencieuse icône.

Gardien de la sainte Famille, protège nos familles, parents et enfants, et aussi toutes les familles et tous les enfants du monde. Guide-les loin des sentiers dangereux et mène-les discrètement à Celui qui est toute la Vérité et le seul Salut de l'humanité.

Ô Charpentier de Nazareth, éclaire-nous et assiste-nous dans notre travail quotidien. Le cas échéant, trouve-nous toi-même une saine activité si personne ne veut nous en confier une.

Ô Fils de David, nous te recommandons nos prêtres et nos consacrés, hommes et femmes. Enseigne-les comme tu as enseigné Jésus lorsque tu lui découvrais les Écritures et que tu le préparais à sa profession de foi juive (à l'âge de treize ans).

Patron de la bonne mort, toi qui as rendu l'âme entre les bras de Jésus et de Marie, conforté par leur prière et leur tendresse, viens avec eux à notre chevet lors de notre dernière heure, et prie pour nous pauvres pécheurs.

Daigne enfin intercéder en notre faveur pour la cause difficile que nous te recommandons spécialement au cours de cette neuvaine (la nommer ici).

Nous te le demandons avec grande confiance, sachant que, tout proche de ton épouse Marie, tu es un puissant intercesseur auprès du Trône de Dieu.

Dès à présent, nous te remercions de tout ce que tu voudras bien faire pour nous, ô grand ami des pauvres et des petits ! Amen.

On conclut par un Notre Père, un Je vous salue Marie et un Gloire à Dieu.

7

Neuvaine aux saints Innocents
– pour tous les enfants souffrants –

Pour qui faire cette neuvaine

Cette neuvaine est d'abord pour les enfants qui souffrent des adultes, à quelque titre que ce soit. On pense à toutes les petites victimes de viols, de sévices sexuels ou autres, mais aussi aux innombrables victimes d'avortements ainsi qu'à leurs parents souvent plus inconscients que coupables.

À cette longue et terrible liste, il convient d'ajouter des victimes encore plus cachées, mais non moins douloureuses : les nombreux enfants privés d'affection parentale durant des années, les enfants mal aimés parce que non désirés et/ou non acceptés, les jeunes orphelins qui restent totalement seuls au plan affectif. À quoi l'on peut ajouter les petits malades et handicapés, en hôpital et institution, qui ne reçoivent que peu ou pas de visites.

La souffrance des enfants innocents est une chose terrible qui peine également toute conscience adulte. En priant cette neuvaine, nous n'oublierons donc pas non plus l'immense souffrance des adultes compatissants qui voient souffrir des enfants qui leur sont proches et qui, pour des raisons indépendantes de leur volonté, ne peuvent leur apporter aucun secours ni réconfort.

Enfin, il convient d'offrir cette neuvaine aux intentions de tous les parents, notamment des mères, qui ont eu le jugement obscurci au point d'avoir eu recours à l'avortement comme la moins mauvaise des solutions à leur problème humain du moment. En attaquant ainsi la chair de leur chair, elles qui étaient faites pour transmettre la vie se sont cruellement blessé le cœur et l'âme. Ces pauvres mères méritent l'intercession des saints Innocents ainsi que celle de leurs petits prématurément partis vers l'au-delà.

Un peu d'histoire

La fête des « saints Innocents » célèbre les enfants tués à Bethléem par le roi Hérode le Grand, peu après la naissance du Christ (probablement autour d'une centaine). Leur fête liturgique du 28 décembre remonte au moins au vi^e siècle. L'évangile de Matthieu raconte que, le jour où Hérode se rendit compte que les Mages lui avaient caché la naissance du futur Messie d'Israël, par défiance et jalousie « il envoya tuer tous les enfants de moins de deux ans à Bethléem et dans toute la région, d'après la date qu'il s'était fait préciser par les Mages » (Mt 2, 16). Certes, ces petits garçons juifs furent incapables de confesser le nom du Christ, mais ils furent « glorifiés par la grâce de sa naissance » (antienne du jour). Par leur martyre, ils devinrent « compagnons de l'Agneau sans tache et chantant sans fin dans le ciel : "Gloire à toi, Seigneur !" » (1re antienne du jour).

Quand faire la neuvaine

Le meilleur moment pour entreprendre cette neuvaine serait le 20 décembre, ce qui permettrait de la clôturer le 28 décembre, fête liturgique des Saints Innocents. À défaut, on pourra la démarrer n'importe quel samedi de l'année.

Prière de la neuvaine

L'hymne qui suit est de Prudence, auteur chrétien du ve siècle.

**Salut, fleurs des martyrs,
porteurs de jeunes roses,**

victimes pour le nom du Christ,
tendre troupeau des immolés,
prémices de l'Agneau sacrifié !

Salut, petits princes du grand Roi,
vous voici jouant, chantant
devant l'autel de Dieu,
tout innocents et souriants
avec vos palmes et vos couronnes !

Salut, jeunes fils de Dieu,
tout baignés des larmes de vos parents
et des prières de la Sainte Famille ;
avec nous, plus tard,
le Sauveur vous offrira à son Père
sur la croix du Calvaire. Salut !

Invocation de conclusion

Saints enfants innocents,
immolés avant le Christ mais en son
nom,
priez pour nous qui avons recours à
vous. Amen.

On conclut par un Notre Père, un Je vous
salue Marie et un Gloire à Dieu.

8

Neuvaine dite de la grâce
à saint François-Xavier
– pour une cause difficile –

Un peu d'histoire

Saint François-Xavier fut, au XVIᵉ siècle, l'apôtre de l'Extrême-Orient, notamment de vastes régions de l'Inde, de Ceylan, des Moluques et du Japon. Ce missionnaire priant et pénitent était parti vers ces terres lointaines en 1541 non pas sous l'impulsion d'un attrait personnel particulier, mais à l'invitation pressante de son supérieur et fondateur : saint Ignace de Loyola. Cette obéissance confiante fut récompensée par une moisson chrétienne impressionnante que beaucoup n'hésitèrent pas à qualifier de miraculeuse. Dieu semblait faire fructifier tout ce qu'entreprenait le jeune jésuite, et ce jusqu'à sa mort en 1552, à l'âge de quarante-six ans.

Presque un siècle plus tard, un jésuite italien, le Père Mastrilli, fut atteint d'une blessure déclarée mortelle par les médecins de l'époque. Il entreprit alors une neuvaine sollicitant l'intervention de son confrère François-Xavier et fut guéri d'un coup contre toute attente. Vingt-quatre ans s'écoulèrent encore et, en 1658, un autre jésuite italien, le jeune Père Philippuci, qui était mourant près d'Ancône, eut l'idée de solliciter à son tour l'intercession de François-Xavier. Lui aussi fut guéri miraculeusement. C'était un 12 mars, dernier jour de la neuvaine, mais également date anniversaire de la canonisation de saint François-Xavier.

La guérison fut reconnue comme miraculeuse par l'évêque du lieu et cette reconnaissance officielle favorisa la diffusion de la neuvaine vers plusieurs pays d'Europe, et même l'Amérique, comme si saint François-Xavier voulait ainsi, même après sa mort, signifier son désir de continuer à œuvrer à l'extension du Royaume de Dieu.

Ce fait retint toute l'attention de Sœur Thérèse de l'Enfant-Jésus, dans son carmel de Lisieux. C'est ainsi que, le 4 mars 1897, elle entreprit à son tour de faire une neuvaine à saint François-Xavier. Sa sœur aînée, Marie Martin (autrement dit Sœur Marie du Sacré-Cœur), en révéla plus tard la raison : « Sa charité lui faisait désirer de faire du bien après sa mort. Cette pensée la préoccupait. En 1897, elle fit la neuvaine à saint François-Xavier du 4 au 12 mars. Elle me dit : "J'ai demandé la grâce de faire du bien après ma mort et je suis sûre maintenant d'être exaucée, parce qu'on obtient par cette neuvaine tout ce qu'on désire [selon Dieu]." » Dès le 19 mars, elle revint sur ce thème dans une lettre au Père Roulland : « Je voudrais sauver des âmes et m'oublier pour elles ; je voudrais en sauver même après ma mort » (LT 221). Le 14 juillet, elle confessa au même sa certitude d'être exaucée : « Ah ! mon Frère, je vous serai bien plus utile au Ciel que sur la terre… Je compte bien ne pas rester inactive au Ciel ; mon désir est de travailler encore pour l'Église et les âmes. Je le demande au bon Dieu et je suis certaine qu'Il m'exaucera. Les Anges ne sont-ils pas continuellement occupés de nous sans jamais cesser de voir la Face divine ? » (LT 254).

L'Église entière sait aujourd'hui à quel point Thérèse a été exaucée et intervient volontiers dans les causes difficiles qu'on lui confie. Il en est de même de son devancier, saint François-Xavier dont le Seigneur a chargé les mains de bien des grâces qu'Il nous destine, si nous les demandons d'un cœur pur et confiant.

Quand faire la neuvaine

Au plan liturgique, le mieux serait de prier cette neuvaine, soit en visant la date de la fête de saint François-Xavier, le 3 décembre (début le 25 novembre), soit la date de sa canonisation le 12 mars (début le 4 mars). Sinon, on commencera n'importe quel samedi pour terminer le dimanche de la semaine suivante.

Prière de la neuvaine

Saint François-Xavier, plein de charité et de zèle missionnaire, avec toi j'adore respectueusement la Majesté divine.

Je me réjouis à la pensée de toutes les grâces particulières dont tu fus dépositaire durant ta vie, ainsi que de la gloire qui t'illumine pour toujours dans la patrie du Ciel.

Pour tout cela, je rends à Dieu de très ferventes actions de grâce.

Par les mérites du précieux Sang de Notre Seigneur Jésus et par l'intercession de la Vierge immaculée, je te supplie de tout mon cœur de m'obtenir cette grâce essentielle de vivre et de mourir en état d'amitié avec Dieu.

Je te supplie également de m'obtenir la grâce particulière suivante : [ici, on nomme la grâce que l'on souhaite obtenir].

Si cette grâce n'allait pas dans le sens de la plus grande gloire de Dieu et du plus grand bien de mon âme, obtiens-moi du moins ce qu'il y a de plus conforme à l'un et à l'autre. Amen.

On conclut par un Notre Père, un Je vous salue Marie et un Gloire à Dieu.

9

Neuvaine à sainte Rita patronne des causes désespérées

Historique et raison de cette neuvaine

Marguerita, surnommée simplement Rita, naquit à Spolète, en Italie, en 1381. Elle épousa un mari rude et injuste qui l'éprouva beaucoup. Celui-ci mourut de mort violente. Voulant le venger, ses deux fils périrent eux aussi peu après, mais, touchés par le témoignage de leur mère, ils avaient pardonné. Rita entra ensuite au couvent des Augustines de Cascia. De 1441 à sa mort le 22 mai 1457, elle vécut dans la prière et diverses souffrances d'origine naturelle, mais aussi mystique. Elle fut canonisée en 1900 et son culte se répandit comme patronne des causes « impossibles et désespérées ». C'est bien sûr à ce titre que nous allons solliciter son intercession dans la neuvaine qui suit.

Quand faire la neuvaine

Le mieux liturgiquement est de commencer cette neuvaine en préparation de la fête de sainte Rita le 22 mai, ce qui la fait démarrer le 14 mai. Cela, c'est l'idéal, car lorsqu'on envisage cette neuvaine, c'est habituellement en urgence, quand on vient d'être frappé d'une épreuve imprévue et au caractère particulièrement insupportable et désespérant. Dans ce dernier cas, on pourra la démarrer n'importe quand, mais plutôt un samedi pour pouvoir la conclure le dimanche de la semaine suivante.

Au cours des neuf jours consécutifs, il serait bon de poser quelques actes concrets de conversion. Par exemple : le don d'un pardon sincère toujours différé, la confession sacramentelle, une brève méditation dans une église proche, une privation discrète le vendredi (alimentaire, télévisuelle, etc.), l'assistance à une messe de semaine en plus de celle du dimanche, l'aumône d'un sourire et d'un geste d'entraide en faveur d'un malheureux…

Prière de la neuvaine

1er, 2e et 3e jours :

Très compatissante sainte Rita, avocate des causes urgentes et difficiles,

écoute avec bienveillance la prière instante de mon cœur angoissé. **Si Dieu en est glorifié, demande-Lui avec moi la grâce suivante dont j'ai un si grand besoin** (ici, on expose la grâce sollicitée). **Je t'en remercie par avance. Amen.**

On prie ensuite un Notre Père, un Je vous salue Marie et un Gloire à Dieu.

4ᵉ, 5ᵉ et 6ᵉ jours :

Très compatissante sainte Rita, avocate des causes désespérées, sûr(e) de la puissance de ton intercession, j'ai recours à toi. Obtiens-moi cette grâce que je sollicite (on l'évoque ici). **Daigne agréer ma démarche et la présenter toi-même à Dieu, si son exaucement est vraiment conforme à sa volonté d'amour. Amen.**

On prie ensuite un Notre Père, un Je vous salue Marie et un Gloire à Dieu.

7ᵉ, 8ᵉ et 9ᵉ jours :

Très compatissante sainte Rita, recours providentiel dans les causes réputées humainement « impossibles », je me confie à toi avec grande confiance et

amour. Avec la Vierge Marie, notre Mère et notre Reine, tu es mon refuge très sûr. Toi qui participas si intimement à la Passion du Christ, intercède pour moi auprès de son Cœur miséricordieux. Je t'en remercie vivement par avance et te promets désormais de mieux vivre chrétiennement, avec le secours de la grâce de Dieu. Amen.

On conclut par un Notre Père, un Je vous salue Marie et un Gloire à Dieu.

10

Neuvaine à Sainte Thérèse de l'Enfant-Jésus patronne des missions − pour une conversion difficile −

Un peu d'histoire

Thérèse Martin naquit en 1873, entra au Carmel de Lisieux en 1888 et y mourut de tuberculose à l'âge de vingt-quatre ans, le jeudi 30 septembre 1897 en fin d'après-midi. Vie discrète, apparemment sans histoire, mais vie éminemment donnée à l'Amour divin miséricordieux. L'Esprit Saint fit de l'humble Sœur Thérèse de l'Enfant-Jésus et de la Sainte Face « la plus grande sainte des temps modernes » (Pie X), déclarée d'abord patronne des missions (1927), puis docteur de l'Église (1997). Jusqu'en 1896, elle avait cherché sa vraie place dans l'Église et, après avoir médité la première épître aux Corinthiens (1 Co 13, 1-13) et le début de *l'Imitation* (I, 15), elle avait enfin découvert que sa vocation était l'amour surnaturel et que donc, dans le peuple de Dieu, sa place devait être « dans le Cœur de l'Église » (Ms B 3v), intercédant avec Elle pour tous les pécheurs de son époque, mais aussi pour tous ceux qui viendraient après elle jusqu'à la fin du monde. Son ardeur apostolique la porta ainsi à demander à Dieu la grâce de pouvoir continuer au Ciel à faire du bien sur la terre comme le font aussi les Anges qui sont dans la gloire : « Si le bon Dieu exauce mes désirs, mon Ciel se passera sur la terre jusqu'à la fin du monde. Oui, je veux passer mon Ciel à faire du bien sur la terre… Je ne veux pas me reposer tant qu'il y aura des âmes à sauver. » (CJ, 17.7).

La voie de la petite Thérèse est celle du bon larron, celle de la confiance à travers la faiblesse, celle de l'espérance portée jusqu'à la folie (Ms B 5v), celle du petit enfant qui se sait aimé d'un Père infini et qui, malgré ou à cause de ses mains vides, court vers Lui comme le prodigue, ne comptant que sur sa seule miséricorde.

Parfois, Jésus se tait, semble absent, ne révèle plus sa présence (cf. MsA, 64r°). C'est notamment le cas lorsqu'on se heurte au mur de la non-foi ou de la révolte, en soi ou chez autrui. Durant les dix-huit derniers mois de sa vie, Thérèse elle-même connut l'épreuve d'une nuit intérieure quasi totale. Cela ne l'empêcha pas de continuer à prier jusqu'à sa mort pour la conversion des pécheurs, comme elle l'avait fait déjà en 1887 pour ramener à Dieu le criminel Henri Pranzini (qui embrassa par deux fois la croix avant d'être guillotiné).

La présente neuvaine est dans la droite ligne de cette spiritualité de folle espérance et d'abandon confiant à un Amour qui nous dépasse et pour lequel nous sommes tous créés. Nous proposons comme intention principale la conversion d'une personne loin de la foi et surtout l'amour évangélique, mais, selon la nécessité et l'attrait du cœur, on pourra choisir une intention différente, à condition toutefois qu'elle reste cohérente avec la spiritualité et la grâce particulière de la sainte.

Quand faire la neuvaine

On pourra prier la neuvaine peu avant la fête liturgique de la sainte fixée le 1er octobre, ce qui la fait débuter le 23 septembre. Si cette date n'est pas proche dans le calendrier, on choisira de la commencer un samedi, jour consacré à la Vierge Marie, pour la clôturer le dimanche de l'autre semaine, le jour du Seigneur.

On récitera la prière de neuvaine devant un crucifix auquel on pourra adjoindre une photographie de la sainte.

Prière de la neuvaine

Chère petite Thérèse de l'Enfant-Jésus, grande sainte du pur amour de Dieu, je viens aujourd'hui te confier mon ardent désir. Oui, très humblement, je viens solliciter ta puissante intercession pour la grâce suivante : (la nommer ici).

Peu de temps avant de mourir, tu as demandé à Dieu la faveur de passer ton Ciel à faire du bien sur la terre (CJ, 17.7). **Tu as même prophétisé que tu répandrais sur nous une pluie de roses** (CJ, 9.6.3 ; PO 1644). Le Seigneur a exaucé ta prière : des milliers de pèlerins en témoignent à Lisieux et dans le monde entier.

Fort(e) de cette certitude que tu ne rejettes pas les petits et les affligés, je viens avec confiance solliciter ton secours. Intercède pour moi auprès de ton Époux crucifié et glorieux. Dis-lui mon désir. Toi, Il t'écoutera. Comme la Vierge Marie, Il t'exaucera, car tu ne Lui as jamais rien refusé sur la terre (LT 27, 64).

Petite Thérèse, hostie d'amour du Seigneur, patronne des missions, docteur de l'Église, modèle des âmes simples et confiantes, je m'adresse à toi comme à une grande sœur très puissante et très aimante. Si telle est bien la volonté de Dieu, obtiens-moi cette grâce que je sollicite (on peut la renommer ici).

Sois bénie, petite Thérèse, pour tout le bien que tu nous as fait et que tu souhaites encore nous prodiguer jusqu'à la fin du monde. Oui, sois mille fois bénie et remerciée de nous faire ainsi en quelque sorte toucher la bonté et la miséricorde de notre Dieu ! Amen.

On conclut par un Notre Père, un Je vous salue Marie et un Gloire à Dieu.

NEUVAINES LONGUES

« Jésus s'en alla sur une haute montagne et passa toute la nuit à prier Dieu. »   Luc 6, 12

« Certes, le Seigneur nous demande de ne pas faire de longs discours dans la prière, mais autre chose est un long discours, autre chose un long amour ! »   Saint Augustin

« Il arrive que la prière doive être prolongée pour répondre à un attrait de la grâce divine. »   Saint Benoît, *Règle* XX, 4

« Pendant que Pierre était gardé en prison, la communauté ecclésiale ne cessait de prier Dieu pour lui. »   Actes 12, 5

« Depuis longtemps déjà la porte était fermée… Même si l'ami ne se lève pas pour donner au nom de l'amitié, il le fera à cause de son insistance. »   Luc 11, 7-8

1

Neuvaine au Christ miséricordieux dans son Sacré Cœur
– pour les pécheurs et les mal-aimés –

Un peu d'histoire

Dans la mentalité des gens de la Bible, le *cœur* est en l'homme le lieu où siège la vie morale, intellectuelle et spirituelle. Au Moyen Âge, le Cœur du Christ ouvert sur la croix fut considéré comme le symbole le plus fort de son amour divin et humain pour l'humanité. À la lumière de l'évangile johannique, on y vit le meilleur résumé de sa personne et de son message rédempteur. Saint Jean Eudes (1601-1680) fut un fervent apôtre du culte au Sacré Cœur de Jésus, ainsi que Marguerite-Marie Alacoque (1647-1690). À cette dernière, le 16 juin 1675, le Christ montra son Cœur en déclarant : « Voilà ce Cœur qui a tant aimé les hommes et qui, en retour, n'en reçoit de la plupart que des ingratitudes ! »

En France, la fête du Sacré Cœur de Jésus fut approuvée par le pape Clément XIII en 1765. Elle passa à l'Église universelle en 1856 grâce au pape Pie IX. C'est enfin le pape Léon XIII qui consacra le monde au Cœur de Jésus en 1899. Après bien d'autres de ses prédécesseurs, le pape Benoît XVI souligna lui aussi l'importance de cette spiritualité : « Dans le Cœur du Rédempteur, nous adorons l'amour de Dieu pour l'humanité, sa volonté de salut universel, son infinie miséricorde » (Angélus du 5 juin 2005).

La béatification (1993), puis la canonisation (2000) d'une apôtre du Christ miséricordieux, Sœur Faustine Kowalska (1905-1938), remit le culte du *Sacré-Cœur* en pleine lumière. Favorablement impressionné par certains éléments de ses révélations mystiques, le pape Jean-Paul II fixa au premier dimanche après Pâques la fête de *la Miséricorde divine*. Bien que les deux fêtes soient distinctes, elles sont parfaitement complémentaires et renvoient toutes les deux au mystère de l'infinie miséricorde de Dieu manifestée de manière éminente dans le Cœur de Jésus ouvert comme une source sur la croix du Golgotha (cf. Jn 19, 34).

Intentions principales de la neuvaine

Ainsi que l'indique le sous-titre de ce chapitre, on réservera cette neuvaine plutôt à l'intention d'un ou de plusieurs pécheurs notoires (cela peut être aussi nous-même !). On pourra aussi la prier à l'intention d'un ou de plusieurs mal-aimés à divers titres.

Comme pour toutes les autres, il est recommandé de prier cette neuvaine avec un esprit de conversion qui se traduise par des actes concrets. Par exemple : faire un effort pour réordonner certaines choses de notre existence (mauvaises habitudes de vie, pardons à donner et toujours différés, etc.) ; confession et communion aux intentions de la neuvaine ; pratique plus soutenue de la prière quotidienne et de la charité active…

Quand faire la neuvaine

Traditionnellement dans l'Église, la fête du Cœur du Christ est fixée le vendredi qui suit le 2e dimanche après la Pentecôte, ce qui fait démarrer la neuvaine le jeudi de la semaine précédente. On peut également vouloir honorer la nouvelle fête de la Miséricorde divine. Celle-ci étant fixée au premier dimanche après Pâques, cela fait démarrer la neuvaine le samedi de la semaine précédente. À défaut, on pourra la démarrer n'importe quel samedi ou jeudi de l'année.

Premier jour

Enseignement de l'Écriture

« Notre Dieu est un feu consumant. »

Dt 4, 24 & He 12, 29

« En ce temps-là, Jésus prit la parole et dit : "Venez à moi, vous tous qui peinez sous le fardeau, et je vous soulagerai. Prenez mon joug et mettez-vous à mon école, car je suis doux et humble de cœur." »

Mt 11, 28-29

Oraison

« Cœur sacré de Jésus, je te consacre tout ce que j'ai et tout ce que je suis… Cœur d'amour, je mets toute ma confiance en toi, car je crains tout de ma faiblesse, mais j'espère tout de ta bonté. Que l'amour de ton Cœur s'imprime si profondément dans le mien que jamais je ne puisse t'oublier ni être séparé(e) de toi ! Amen. »

Prière d'après Sainte Marguerite-Marie

Cœur sacré de Jésus, Tabernacle vivant de l'Amour infini, nous te confions l'intention suivante : (la formuler ici). **Écoute notre prière, vois notre pauvre cœur et exauce-nous de la manière que tu veux, puisque ton amour pour nous est sans limites. Amen.**

Méditation

Il nous arrive d'interrompre une personne qui parle ou de l'écouter distraitement, trop attentif à nous-même et à nos propres soucis. C'est le moment de nous tourner vers Jésus pour nous faire, grâce à lui, le plus doux possible avec le plus souffrant. Puisons cette douceur à la source de son Cœur miséricordieux et soyons ses disciples aussi dans nos actes.

Prière de conclusion : Litanies du Cœur de Jésus

Seigneur, prends pitié.
Ô Christ, prends pitié.
Seigneur, prends pitié.

Cœur de Jésus, uni au Verbe de Dieu,
R/ **Aie pitié de nous.**

Cœur de Jésus, temple de Dieu, R/
Cœur de Jésus, tabernacle du Très-Haut,
R/
Cœur de Jésus, porte du Ciel, R/
Cœur de Jésus, foyer d'amour, R/
Cœur de Jésus, sanctuaire de justice, R/
Cœur de Jésus, abîme de miséricorde, R/
Cœur de Jésus, source de vertus, R/
Cœur de Jésus, plein de patience, R/
Cœur de Jésus, plein de douceur, R/
Cœur de Jésus, plein d'humilité, R/
Cœur de Jésus, trésor de science, R/
Cœur de Jésus, complaisance du Père, R/
Cœur de Jésus, béatitude des saints, R/
Cœur de Jésus, espérance des fidèles, R/
Cœur de Jésus, richesse des pauvres, R/
Cœur de Jésus, santé des malades, R/
Cœur de Jésus, jeunesse des vieillards, R/
Cœur de Jésus, soutien des mourants, R/
**Cœur de Jésus, secours des âmes du pur-
    gatoire,** R/
Cœur de Jésus, source de sainteté, R/
Cœur de Jésus, rassasié d'outrages, R/
Cœur de Jésus, blessé par nos péchés, R/
Cœur de Jésus, obéissant jusqu'à la mort,
    R/
Cœur de Jésus, notre résurrection, R/
Cœur de Jésus, vainqueur de tout mal, R/
Cœur de Jésus, contemplé des anges, R/
Cœur de Jésus, adoré des saints, R/

Cœur de Jésus, si peu aimé des hommes,
R/
Cœur de Jésus, santé des malades, R/

V/ **Ô Jésus, doux et humble de cœur,**
R/ **Rends nos cœurs semblables au tien.**

    Agneau de Dieu, qui enlèves les péchés du monde,
    pardonne-nous, Seigneur.
    Agneau de Dieu, qui enlèves les péchés du monde,
    exauce-nous, Seigneur.
    Agneau de Dieu, qui enlèves les péchés du monde,
    aie pitié de nous, Seigneur.

    PRIONS : Dieu éternel et tout-puissant, regarde le Cœur de ton divin Fils. Écoute les prières qu'il t'adresse pour nous, pauvres pécheurs. Par lui, nous implorons ta miséricorde, pour aujourd'hui et tous les jours de notre vie. Amen.

Deuxième jour

Enseignement de l'Écriture

    « Si quelqu'un m'aime, il gardera ma parole et mon Père l'aimera ; nous

viendrons à lui et ferons chez lui notre demeure. »

Jn 14, 23

« Que le Christ habite dans vos cœurs par la foi ; restez enracinés dans l'amour… Ainsi vous connaîtrez l'amour du Christ qui surpasse toute connaissance. »

Ep 3, 17-19

Oraison

« Cœur sacré de Jésus, je te consacre… » (voir le 1er jour)
« Cœur sacré de Jésus, Tabernacle vivant… » (idem)

Méditation

Une foi humble dans la pratique de la charité, patiente dans l'épreuve, persévérante dans la prière, attire les bienveillants regards de la Sainte Trinité (cf. Lc 1, 48). Celle-ci vient alors habiter le cœur humain et faire en lui « sa » demeure. Sommes-nous vraiment des tabernacles vivants et connaissons-nous d'amour notre Hôte divin ?

Prière de conclusion : Litanies du Cœur de Jésus (id.)

Troisième jour

Enseignement de l'Écriture

« Le grand jour de la fête (des Tentes), Jésus, debout (dans le Temple), s'écria : "Si quelqu'un a soif, qu'il vienne à moi et qu'il boive ! Celui qui croit en moi, comme le dit l'Écriture (Is 58, 11), des fleuves d'eau vive couleront de son sein !" »

Jn 7, 37-38

« L'eau que je donnerai deviendra en l'homme une source d'où coulera la vie éternelle. »

Jn 4, 14

Oraison

« Cœur sacré de Jésus, je te consacre… » (voir le 1ᵉʳ jour)
« Cœur sacré de Jésus, Tabernacle vivant… » (idem)

Méditation

Jésus invite ses auditeurs à venir auprès de lui pour boire. Mais de quelle boisson s'agit-il ? D'après le contexte, on comprend qu'il évoque ici à la fois l'eau de ses paroles salutaires, le vin de l'alliance nouvelle et l'Esprit Saint rayonnant de son Cœur, bref déjà la vie éternelle commençant dès ici-bas (cf. Ap 22, 1). Qu'en est-il donc de notre propre soif des eaux du salut coulant du Cœur de Jésus, et du nôtre uni au sien ?

Prière de conclusion : Litanies du Cœur de Jésus (id.)

Quatrième jour

Enseignement de l'Écriture

« Le Fils de Dieu m'a aimé et s'est livré pour moi. »

Ga 2, 20

« Quand les soldats arrivèrent auprès de Jésus, voyant qu'il était déjà mort, ils ne lui brisèrent pas les jambes, mais l'un des soldats, prenant sa lance, lui transperça le côté. Aussitôt, il en jaillit du sang et de l'eau. Celui qui a vu en rend témoignage. »

Jn 19, 33-35

Oraison

« Cœur sacré de Jésus, je te consacre… » (voir le 1ᵉʳ jour)

« Cœur sacré de Jésus, Tabernacle vivant… » (idem)

Méditation

Comment pouvons-nous connaître intimement le Cœur du Christ si nous fréquentons trop peu le lieu où il a accepté de s'ouvrir tout entier pour nous, à savoir sur la croix ? Pensons-y le vendredi et à chaque messe, notamment au moment de la Consécration, quand s'actualise devant nous de manière non sanglante l'offrande de l'Agneau immolé : « Voici mon Corps livré pour vous… Voici mon Sang versé pour vous » (Lc 22, 19-20).

Prière de conclusion : Litanies du Cœur de Jésus (id.)

Cinquième jour

Enseignement de l'Écriture et de l'hagiographie

« Sanctifiez dans vos cœurs le Christ Seigneur ! »

1 P 3, 15

Un jour, sainte Catherine de Sienne (1347-1383) demanda au Christ pourquoi il avait permis le coup de lance jusque dans son cœur, puisque sa mort était déjà survenue. Il lui répondit : « Mon amour pour les hommes était sans mesure alors que mes souffrances étaient limitées. Comment mieux leur manifester l'étendue de mon amour qu'en leur ouvrant mon Cœur ? Dans la plaie de mon côté, là se révèle le secret de mon Cœur, là se trouve l'ultime preuve de mon amour ! »

Sainte Catherine de Sienne, *Livre des Dialogues*, ch. 75

Oraison

« Cœur sacré de Jésus, je te consacre... » (voir le 1ᵉʳ jour)

« Cœur sacré de Jésus, Tabernacle vivant... » (idem)

Méditation

Regardons un crucifix ou une reproduction de tableau représentant Jésus en croix. Considérons ses plaies à la lumière de sa résurrection pascale. Par les yeux de la foi, avec Marie et l'apôtre Jean, contemplons son Cœur ouvert, fontaine et soleil de miséricorde pour toute l'humanité. Laissons-nous baigner et purifier par les rayons qui en jaillissent et qui viennent nous rejoindre là où nous sommes et qui que nous soyons.

Prière de conclusion : Litanies du Cœur de Jésus (id.)

Sixième jour

Enseignement de l'Écriture et de l'hagiographie
« Dieu a tant aimé le monde qu'il a donné son Fils unique... »

Jn 3, 16

Le Père céleste s'adressa un jour à sainte Catherine de Sienne en ces termes : « J'ai accepté que le Cœur de mon Fils soit transpercé pour que le secret de ce Cœur puisse être vu. Pour vous, j'en ai fait un refuge ouvert où vous pouvez toujours venir et goûter l'amour ineffable que j'ai pour vous. Là vous découvrirez au mieux la nature divine unie à la nature humaine. »

Sainte Catherine de Sienne, *Livre des Dialogues*, ch. 126

Oraison

« Cœur sacré de Jésus, je te consacre... »
(voir le 1ᵉʳ jour)

« Cœur sacré de Jésus, Tabernacle vivant… » (idem)

Méditation

Le Cœur ouvert de Jésus sur la croix est un lieu de révélation de son amour pour son Père et pour nous : « Il faut que le monde sache que j'aime le Père » (Jn 14, 31) **; « Je donne ma vie pour mes brebis »** (Jn 10, 15)**. Mais l'inverse est également vrai : pour mieux connaître le Père céleste, inutile de monter tout en haut des cieux ; il suffit de monter à la croix où s'offre Jésus : au fond de son Cœur ouvert réside toute la présence du Père. Et de cette Arche divine, brisée pour nous, jaillissent toutes les grâces de l'Esprit.**

Prière de conclusion : Litanies du Cœur de Jésus (id.)

Septième jour

Enseignement de l'Écriture et de l'hagiographie

« Mon peuple, que t'ai-je fait, et en quoi t'ai-je lassé ? Réponds-moi ! »

Mi 6, 3

Le 16 juin 1675, le Christ apparut à sainte Marguerite-Marie. De chacune des ses plaies jaillissaient des rayons de lumière, surtout de son Cœur. Il lui adressa alors ces paroles : « Voilà ce Cœur qui a tant aimé les hommes et qui n'a rien épargné jusqu'à s'épuiser et se consumer pour leur témoigner son amour. Pour reconnaissance, je ne reçois de la plupart que des ingratitudes… Je promets que mon Cœur se dilatera pour répandre avec abondance les influences de son divin amour sur ceux qui l'honoreront. »

Sainte Marguerite-Marie, *Sa vie par elle-même*, ch. 92, Éd. Saint Paul, 1979, p. 128

Oraison

« Cœur sacré de Jésus, je te consacre… » (voir le 1er jour)
« Cœur sacré de Jésus, Tabernacle vivant… » (idem)

Méditation

Si Jésus se plaint souvent d'ingratitude auprès de ses confidents mystiques, c'est qu'il connaît les grâces qu'il donne aux hommes et le peu de cas qu'ils en font, le maigre fruit qu'ils en rapportent. Pourquoi tant de négligence et de tiédeur face

à tant d'amour ? Est-ce parce que la foi est trop faible et les doutes trop forts ? Peut-être, mais, si l'on ne « voit » plus Dieu dans sa vie, c'est aussi parce que le cœur humain a perdu sa pureté, sa simplicité d'enfant. Si c'est notre cas, n'hésitons pas à poser prochainement une démarche de pénitence et de confession sacramentelle. Ce serait un pas concret vers la sixième béatitude : « Heureux les cœurs purs, car ils verront Dieu ! » (Mt 5, 8).

Prière de conclusion : Litanies du Cœur de Jésus (id.)

Huitième jour

Enseignement de l'Écriture et de l'hagiographie

« Béni soit le Dieu et Père de notre Seigneur Jésus Christ, le Père des miséricordes et le Dieu de toute consolation ! »
2 Co 1, 3

« Même si notre cœur nous condamne, Dieu est encore plus grand que notre cœur : il connaît tout... il est Amour ! »
1 Jn 3, 20... 4, 16

Entre 1931 et 1938, le Christ apparut de nombreuses fois à sainte Faustine. Au début de l'année 1938, il lui adressa des paroles qui font directement écho à celles reçues par sainte Marguerite-Marie presque trois siècles plus tôt : « J'ai ouvert mon Cœur comme une source vivante de miséricorde. Que toutes les âmes y puisent la vie. Qu'elles s'approchent de cet océan avec une très grande confiance... Le pécheur comme le juste en ont besoin. La conversion comme la persévérance est une grâce de ma miséricorde... Les âmes d'une confiance sans borne me sont une grande joie, car je peux verser en elles le trésor entier de mes grâces... Par contre, je m'attriste si les âmes demandent peu, si elles resserrent leur cœur. »

Sainte Faustine, *Petit Journal*, § 1520, 1577-1578,
Éd. du Dialogue, 1977, pp. 504, 519

Oraison

« Cœur sacré de Jésus, je te consacre... » (voir le 1er jour)

« Cœur sacré de Jésus, Tabernacle vivant... » (idem)

Méditation

Le pape Jean-Paul II déclarait dans son encyclique sur la Miséricorde divine : « La révélation et la foi nous apprennent moins à méditer de manière abstraite sur le mystère de Dieu comme "Père des miséricordes" qu'à recourir à cette miséricorde au nom du Christ et en union avec lui... Les hommes y sont certainement poussés par lui, dont l'Esprit est à l'œuvre au fond des cœurs... L'homme et le monde contemporain en ont besoin, même si souvent ils ne le savent pas. » (*Dives in misericordia*, déc. 1980, I, 2). Un peu plus loin, à la lumière de la parabole du fils prodigue (Lc 15, 11-32), le pape prévenait que « celui qui est objet de la miséricorde ne se sent pas humilié, mais comme retrouvé et revalorisé... un fils, même prodigue, ne cesse pas d'être réellement fils de son père » (*op. cit.*, IV, 6).

Prière de conclusion : Litanies du Cœur de Jésus (id.)

Neuvième jour

Enseignement de l'Écriture

« Jésus (ressuscité) dit à Thomas : "... Avance ta main et mets-la dans mon côté. Et désormais, ne sois plus incrédule, mais croyant !" Thomas lui répondit : "Mon Seigneur et mon Dieu !" Jésus lui dit alors : "Tu crois parce que tu m'as vu, mais bienheureux ceux qui croiront sans avoir vu." »

Jn 20, 27-29

« Je vais vous donner un cœur nouveau et un esprit nouveau. J'ôterai votre cœur de pierre et vous donnerai un cœur de chair. Je mettrai mon Esprit en vous et vous marcherez alors selon mes volontés. »

Ez 36, 26-27

Oraison

« Cœur sacré de Jésus, je te consacre... » (voir le 1ᵉʳ jour)

« Cœur sacré de Jésus, Tabernacle vivant... » (idem)

Méditation

À juste titre, la sagesse des peuples soutient que l'intelligence du cœur est au

cœur de l'intelligence. Nous-mêmes, ne sommes-nous pas trop souvent uniquement des « têtes pensantes », indifférents à ces raisons du cœur qui sont pourtant facteurs d'authentiques progrès humains, y compris dans le domaine des sciences ? En ce dernier jour de neuvaine, communions en l'honneur de la Miséricorde divine et aux intentions d'amour du Sacré Cœur de Jésus. Acceptons avec reconnaissance qu'il ôte notre cœur de pierre et le remplace par un cœur de chair habité, comme l'annonce Ézéchiel, d'un esprit nouveau.

Prière de conclusion : Litanies du Cœur de Jésus (id.)

2

Neuvaine au Saint-Esprit
pour être éclairé, fortifié, guidé

Un peu d'histoire

Cette neuvaine se prie de préférence en préparation à la grande fête de la Pentecôte. Ce
terme vient du grec *pentécostê*, « cinquantième »,
car cette fête, à l'origine israélite, survient cin-
quante jours après la Pâque. Dans le judaïsme,
elle est d'abord une action de grâce pour les
moissons qui vont commencer ; elle commémore
aussi le don de la Loi à Moïse sur le Sinaï. Dans
le christianisme, elle clôture le cycle pascal et
célèbre le don de l'Esprit Saint aux disciples et à
la Vierge Marie réunis sur le mont Sion à Jérusalem, sorte de nouveau Sinaï. Après la fête de la
Résurrection de Jésus, la Pentecôte fut la
deuxième grande fête spécifique des chrétiens.

Les textes liturgiques présentent l'Esprit Saint
répandu à la Pentecôte non seulement comme

une force surnaturelle d'unification et de sanctification, mais comme la troisième Personne de la Trinité, le Lien vivant et personnel unissant de toute éternité le Père et le Fils. Qui sait accueillir ce divin Esprit avec humilité et correspondre fidèlement à ses inspirations, est associé dès ici-bas par le Fils à la Vie trinitaire, même si ce n'est encore que dans le régime de la foi, non celui de la claire vision (cf. Rm 8, 15-16).

Nous nous permettons d'insister sur ces données théologiques fondamentales, car la neuvaine au Saint-Esprit est actuellement la seule qui possède un caractère pleinement officiel, sinon proprement liturgique. Son origine remonte à une recommandation instante du pape Léon XIII dans deux lettres apostoliques (1895 & 1897). Il souhaitait qu'une neuvaine à l'Esprit Saint soit célébrée publiquement chaque année pour l'unité de toutes les Églises. Depuis le pape Jean XXIII, deux intentions sont habituellement mentionnées dans toute neuvaine officielle à l'Esprit Saint : non seulement la commémoration de la descente du Saint-Esprit sur les apôtres et la Vierge Marie, mais aussi l'invocation pour une « nouvelle Pentecôte d'amour » sur l'Église et le monde. Notre propre neuvaine individuelle sera d'autant plus d'Église qu'elle s'insérera dans ce mouvement d'espérance universelle.

Intentions principales de la neuvaine

• Que l'Esprit Saint renouvelle le monde entier dans l'amour et la paix.

• Qu'il régénère l'Église et la guide vers une plus grande unité dans la vérité et la charité.

• Qu'il efface nos fautes et stimule notre foi.

• Qu'il console les affligés, guérisse les malades, éclaire les esprits troublés, réchauffe les cœurs refroidis, fortifie les faibles, guide les égarés, assouplisse les endurcis, renouvelle les vocations et en suscite de nouvelles.

• Qu'il s'unisse intimement à notre propre esprit pour vivifier notre prière et notre témoignage dans l'Église.

Quand faire la neuvaine

Autant que possible, on visera d'abord le dimanche de la Pentecôte, ce qui fera commencer la neuvaine le samedi de la semaine précédente. On pourra également honorer l'Esprit Saint lors de l'Annonciation le 25 mars, ou lors du Baptême du Christ (dimanche après l'Épiphanie), ou à la Transfiguration le 6 août. On pourra enfin choisir n'importe quel dimanche de l'année.

Premier jour

Enseignement de l'Écriture

« Les apôtres d'un même cœur persévéraient dans la prière, avec quelques
femmes, dont Marie, la mère de Jésus...
Tout à coup vint du ciel comme le bruit
d'un violent coup de vent qui remplit
toute la maison. Ils virent alors apparaître des langues de feu qui se partagèrent
et se posèrent sur chacun d'eux. »

Ac 1, 14 ; 2, 2-3

Méditation du 1er jour de la neuvaine

Pour nous ouvrir à la venue de l'Esprit
Saint, préparons notre demeure : allons
nous confesser, réparons les torts que
nous avons pu causer autour de nous,
posons un geste de pénitence, persévé-
rons dans la prière avec Marie un peu
plus longtemps qu'à l'ordinaire. Prenons
enfin en compte cette observation de
saint François d'Assise qui évoquait ici
son propre vécu communautaire : « Le
Saint-Esprit repose sur les pauvres et
les ignorants aussi volontiers que sur les
autres » (2 Cel 193).

Prières de la neuvaine

Esprit Saint qui procèdes du Père et du Fils, toi qui visitas sous forme de langues de feu les premiers disciples rassemblés à la Pentecôte, viens à présent illuminer et embraser nos cœurs assombris. Fais de nous des témoins fidèles et pacifiés. Donne-nous de toujours correspondre à tes inspirations d'amour, à la plus grande gloire de la Sainte Trinité. Amen.

Esprit Saint consolateur, nous te confions également l'intention suivante : (la formuler ici). **Écoute notre prière, vois notre cœur et exauce-nous de la manière qui te plaît, car nous savons que ton amour pour nous est sans limites. Amen.**

On récite ensuite lentement l'invocation suivante à l'Esprit Saint (de l'Église d'Orient)
Roi céleste, Consolateur, Esprit de vérité, toi qui es partout présent et qui emplis tout, Trésor de biens et Donateur de vie, viens et demeure en nous ! Purifie-nous de toute souillure et sauve nos âmes, toi qui es toute Bonté ! Amen.

On conclut par la méditation d'une dizaine de chapelet (choisir de préférence le troisième Mystère glorieux : la Pentecôte) et le Gloire à Dieu.

Deuxième jour

Enseignement de l'Écriture

« Tous ceux qui étaient rassemblés (au Cénacle) furent alors remplis de l'Esprit Saint. Et ils se mirent à parler en d'autres langues, selon que l'Esprit leur donnait de s'exprimer. »

Ac 2, 1... 4

Méditation du 2ᵉ jour de la neuvaine

Aujourd'hui, toute personne qui sait s'arrêter pour parler à son prochain dans le besoin, lui parle en fait une langue universelle, celle de la charité. Saint Paul en avertissait déjà les premiers chrétiens tentés de trop privilégier certains charismes extraordinaires qui se manifestaient au milieu d'eux : « Même si je parlais les langues des hommes et des anges, si je n'ai pas la charité, je ne suis qu'airain qui résonne ou cymbale qui retentit » (1 Co 13, 1). **Qu'en est-il de nos**

propres échanges avec nos semblables et surtout nos « dissemblables » ?

Prières de la neuvaine

Esprit Saint qui procèdes... (cf. 1er jour de la neuvaine)

Roi céleste... (idem)

On conclut par la méditation d'une dizaine de chapelet (choisir de préférence le troisième Mystère glorieux : la Pentecôte) et le Gloire à Dieu.

Troisième jour

Enseignement de l'Écriture

« Ainsi l'avait déjà annoncé le prophète Joël : « Je répandrai mon Esprit sur toute chair... même sur les esclaves, et j'opérerai des prodiges dans les cieux et sur la terre. » »

Jl 3, 1-3 & Ac 2, 16-19

Méditation du 3e jour de la neuvaine

L'Esprit Saint souffle « où il veut » (Jn 3, 8)**, avec semble-t-il une préférence marquée pour les petits, les pauvres, les « persécutés pour la justice »** (Mt 5, 10)**. Et**

nous-mêmes, vers qui orientons-nous le plus souvent notre attention et nos efforts ? Nos choix sont-ils toujours ceux de l'Esprit divin ?

Prières de la neuvaine

Esprit Saint qui procèdes... (cf. 1er jour de la neuvaine)

Roi céleste... (idem)

On conclut par la méditation d'une dizaine de chapelet (choisir de préférence le troisième Mystère glorieux : la Pentecôte) et le Gloire à Dieu.

Quatrième jour

Enseignement de l'Écriture et de la Tradition

« Voici venir des jours, dit le Seigneur, où je conclurai une nouvelle alliance avec Israël... Je mettrai ma Loi en eux et je l'écrirai sur leur cœur... et ils n'auront plus à s'instruire mutuellement. »

Jr 31, 31-34 ; cf. 1 Jn 2, 27

Méditation du 4e jour de la neuvaine

Si la Loi de l'Esprit vit en l'être humain, une sorte d'instinct intérieur

guide spontanément ce dernier vers le meilleur du point de vue de Dieu. Tout choix devient dès lors une pleine correspondance à la vocation propre. C'est « l'état de grâce », le règne de Dieu sur la terre, mais caché dans un cœur et manifesté par les œuvres de l'Esprit. Cela dit, si la conscience n'est pas totalement purifiée et ne réagit pas encore au moindre souffle de l'Esprit, mieux vaut s'en tenir prudemment à la Loi écrite, aux commandements, aux conseils de l'Église et de ses représentants. Saint Paul lui-même appelle à cette surnaturelle prudence : « Même si ma conscience ne me reproche rien, je n'en suis pas justifié pour autant » (1 Co 4, 4).

Prières de la neuvaine

Esprit Saint qui procèdes... (cf. 1er jour de la neuvaine)

Roi céleste... (idem)

On conclut par la méditation d'une dizaine de chapelet (choisir de préférence le troisième Mystère glorieux : la Pentecôte) et le Gloire à Dieu.

Cinquième jour

Enseignement de l'Écriture

« Vous êtes une lettre du Christ écrite avec l'Esprit même du Dieu vivant, non sur des tables de pierre, mais sur les tables vivantes de vos cœurs. »

2 Co 3, 3

Méditation du 5ᵉ jour de la neuvaine

Toute œuvre du Saint-Esprit est également, à divers titres, un acte du Père et du Fils, donc un acte trinitaire. Dans nos prières de demande et de louange à l'une des Personnes divines, ne l'oublions pas. Ainsi, soyons nous-mêmes comme une lettre d'amour du Verbe incarné, écrite avec l'Esprit Saint, et envoyée au Père pour sa plus grande joie et gloire, immédiatement partagée aux deux autres Personnes divines, et plus tard au Ciel à leurs humbles créatures communiantes dans l'Amour.

Prières de la neuvaine

Esprit Saint qui procèdes... (cf. 1ᵉʳ jour de la neuvaine)

Roi céleste... (idem)

On conclut par la méditation d'une dizaine de chapelet (choisir de préférence le troisième Mystère glorieux : la Pentecôte) et le Gloire à Dieu.

Sixième jour

Enseignement de l'Écriture

« L'Esprit lui-même témoigne à notre esprit que nous sommes enfants de Dieu... C'est lui qui nous fait nous écrier : Abba, Père ! »

Rm 8, 16, 15

Méditation du 6e jour de la neuvaine

L'un des signes de la présence de l'Esprit Saint en nous, c'est qu'il nous détache de notre moi égoïste et nous oriente vers l'essentiel : le Père et sa volonté, le prochain et notamment les plus démunis où il est davantage présent (cf. Mt 25, 40). **Le poète Pierre Emmanuel l'avait sans doute perçu quand il énonça cette parole digne d'un vrai mystique : « Seigneur, je m'oublie si profondément dans ta lumière, que j'atteins ma propre source au fond de Toi ! »**

Prières de la neuvaine

Esprit Saint qui procèdes... (cf. 1er jour de la neuvaine)

Roi céleste... (idem)

On conclut par la méditation d'une dizaine de chapelet (choisir de préférence le troisième Mystère glorieux : la Pentecôte) et le Gloire à Dieu.

Septième jour

Enseignement de l'Écriture

« Le fruit de l'Esprit est charité, joie, paix, patience, miséricorde, bonté, fidélité, douceur, tempérance : contre de telles choses, il n'y a pas de Loi ! »

Ga 5, 22-23

Méditation du 7e jour de la neuvaine

Si saint Paul énumère ainsi les grands signes de la présence de l'Esprit Saint dans un cœur humain, c'est qu'il estime que, quelles que soient les situations particulières, toute expérience spirituelle profonde et durable a besoin d'être discernée et confirmée par et dans l'Église,

pour le plus grand bien de tous. Ce passage obligé du discernement doit s'opérer avec grande prudence pour éviter d'écraser d'authentiques perles d'En-Haut : « N'éteignez pas l'Esprit... mais vérifiez tout et, ce qui est bon, retenez-le ! » (1 Th 5, 19-21). C'est ainsi dans le christianisme : la dimension fraternelle et communautaire se conjugue toujours, peu ou prou, avec l'expérience intérieure de chacun. Qu'en est-il donc pour nous de cette vivifiante (et néanmoins souvent éprouvante) conjugaison ecclésiale ?

Prières de la neuvaine

Esprit Saint qui procèdes... (cf. 1er jour de la neuvaine)

Roi céleste... (idem)

On conclut par la méditation d'une dizaine de chapelet (choisir de préférence le troisième Mystère glorieux : la Pentecôte) et le Gloire à Dieu.

Huitième jour

Enseignement de l'Écriture

« Ne savez-vous pas que votre corps est le temple du Saint-Esprit qui est en vous,

que vous avez reçu de Dieu, et que vous ne vous appartenez pas ?... Glorifiez donc Dieu dans votre corps ! »

1 Co 6, 19-20

Méditation du 8ᵉ jour de la neuvaine

Sans doute bien des péchés d'ordre charnel seraient évités par les croyants s'ils partageaient la conviction de saint Paul de ne pas s'appartenir, de ne pas être propriétaires de leur corps, mais seulement gestionnaires pour le compte de Dieu, origine et fin dernière de toute l'humanité. Le corps est comme un temple dont la volonté soutenue par l'Esprit serait le grand prêtre. Notre liturgie serait alors celle de l'amour pur et généreux au service, non de nous-mêmes, mais de Dieu et des autres. Sans cette dépossession de soi par grâce divine, au lieu de se spiritualiser jusque dans sa chair, « on devient charnel jusque dans son esprit » (saint Augustin).

Prières de la neuvaine

Esprit Saint qui procèdes... (cf. 1ᵉʳ jour de la neuvaine)

Roi céleste... (idem)

On conclut par la méditation d'une dizaine de chapelet (choisir de préférence le troisième Mystère glorieux : la Pentecôte) et le Gloire à Dieu.

Neuvième jour

Enseignement de l'Écriture et de la Tradition

« L'ange dit à Marie : "L'Esprit Saint viendra sur toi et la puissance du Très-Haut te prendra sous son ombre…" »

Lc 1, 35

« Quand l'Esprit Saint trouve Marie dans une âme, il y vole, il y entre pleinement, il se communique à cette âme abondamment et autant qu'elle donne place à son Épouse. »

Saint Louis-Marie Grignion de Montfort,
Traité de la vraie dévotion, ch. 36

Méditation du 9ᵉ jour

Ordinairement, l'Esprit Saint ne se manifeste pas de manière bruyante et spectaculaire. Comme « la brise légère » se levant un soir d'été (cf. Gn 3, 8 ; 1 R 19, 12)**, il survient avec discrétion, douceur et réconfort. Il aime fréquenter les cœurs désappropriés d'eux-mêmes, les enfants**

et les persécutés pour la justice, autrement dit les frères et sœurs par l'esprit de la Vierge Marie, son « Épouse ». Demandons à celle-ci d'intercéder pour nous, afin que nous puissions mieux percevoir les inspirations de l'Esprit divin et mieux y répondre. Il n'y a pas d'autre sainteté que celle-là !

Prières de la neuvaine

Esprit Saint qui procèdes... (cf. 1er jour de la neuvaine)

Roi céleste... (idem)

On conclut par la méditation d'une dizaine de chapelet (choisir de préférence le troisième Mystère glorieux : la Pentecôte) et le Gloire à Dieu.

En ce neuvième et dernier jour de neuvaine, on tâchera, après s'être confessé, de communier en l'honneur et aux intentions de l'Esprit de Dieu (qui se trouvent, par exemple, résumées dans le Notre Père et les Béatitudes).

Icône de Notre-Dame du Perpétuel Secours

3

Neuvaine à N.D. du Perpétuel Secours
– pour un secours urgent –

Un peu d'histoire

Dans l'église Saint Alphonse de Rome (anciennement Saint Matthieu), on vénère une image miraculeuse de la Vierge Marie sous l'appellation de Notre Dame du Perpétuel Secours. Cette image, connue depuis le XIIe siècle, devint très populaire par la diffusion de reproductions d'une icône byzantine du peintre crétois, Andréas Ritzos (fin XVe siècle). Le tableau de l'église romaine de Saint Matthieu fut égaré au début du XIXe siècle et retrouvé en 1866. À cette occasion, le pape Pie IX réinstaura ce culte séculaire en instituant une fête liturgique.

La dévotion à Notre Dame du Perpétuel Secours s'en répandit encore davantage. Saint

Jean Bosco et les Rédemptoristes y contribuèrent aussi pour beaucoup.

De nombreux témoignages dignes de foi donnent à penser que la Vierge Marie obtient de remarquables secours à ceux qui l'invoquent sous ce vocable et devant son icône qu'on trouve encore dans bon nombre d'églises.

D'autres titres dérivés de celui-ci sont aussi donnés à Marie : Notre Dame des Sept Douleurs, Notre Dame de la Passion, Consolatrice des affligés, etc. Ils ont en commun de célébrer Marie unie au Christ dans sa Passion. Certes, l'icône de N.D. du Perpétuel Secours est une Vierge à l'Enfant, mais, en fait, le mystère de la croix y est nettement suggéré. En effet, chaque ange qui entoure Marie et l'Enfant porte un instrument symbolisant la future Passion (la lance et la croix). Cette figuration montre ainsi à quoi Marie pouvait penser tout en portant son Seigneur : elle devait méditer la prophétie douloureuse de Siméon (cf. Lc 2, 34-35) et sans doute aussi les chants du Serviteur souffrant d'Isaïe (Is 52-53).

Intentions principales de la neuvaine

Cette neuvaine est souvent proposée aux personnes frappées d'une grosse épreuve et sollicitant de Dieu un secours rapide et quasi miraculeux. Il peut s'agir d'un grave danger, d'une grande proximité avec la mort, d'une cause juste et sans issue à vue humaine.

Quand faire la neuvaine

De nos jours, la fête de N.D. du Perpétuel Secours se célèbre le 27 juin (début de la neuvaine le 19 juin). On peut aussi l'honorer sous son titre de Notre Dame des Douleurs le 15 septembre (début de la neuvaine le 7 septembre). Il va de soi qu'on l'entreprendra à n'importe quel moment de l'année si un secours urgent le requiert. On pourrait alors la commencer un vendredi pour l'achever neuf jours plus tard, un samedi, jour liturgiquement consacré à la Vierge.

Premier jour

Textes de méditation

« Siméon dit à Marie : "… Et toi-même, un glaive te transpercera l'âme !" »

Lc 2, 34-35

« Près de la croix de Jésus se tenait debout sa Mère… »

Jn 19, 25

« Là où Marie se trouve, se trouve le cœur de Dieu. »

Saint Bernard, *Sermon sur l'Annonciation*

Prière du 1ᵉʳ jour de la neuvaine

Ô Mère du Perpétuel Secours, je viens avec grande confiance prier au pied de votre image miraculeuse. Celui que vous tenez entre vos bras est Jésus, notre Sauveur et notre Dieu. Il est le Tout-Puissant, le Maître absolu de la vie et de la mort, le Dispensateur souverain de tout bien et de toute grâce. Et vous, Marie, vous êtes sa Mère ! Sur votre icône, nous le voyons remettre ses deux petites mains dans votre main droite, signe qu'il vous confie tout ce qu'il est et ce qu'il a. Vous avez donc tout pouvoir pour le prier et en être exaucée.

Aujourd'hui, malgré mes péchés et ma petitesse, je sollicite de vous, ô Notre Dame du Perpétuel Secours, votre puissante intercession. Je vous confie notamment l'intention suivante : (la formuler ici). **Écoutez ma prière, voyez mon cœur et intercédez vous-même pour moi auprès de votre divin Fils et de son Père qui est aussi notre Père. Amen.**

On termine par un Notre Père, un Je vous salue Marie et un Gloire à Dieu.

S'il n'y a aucun empêchement canonique, on se confessera durant l'un des neuf jours. On communiera alors au moins le dernier jour en offrant à Dieu les intentions de la neuvaine.

Deuxième jour

Textes de méditation

« Voyant sa mère et près d'elle le disciple qu'il aimait, Jésus (en croix) dit à sa mère : "Femme, voici ton fils !" »

Jn 19, 26

« Si vous l'invoquez lorsque vous êtes tentés, cette Mère si pleine de tendresse viendra tout de suite à votre secours. »

Saint Curé d'Ars

Prière du 2ᵉ jour de la neuvaine

Ô Notre Dame du Perpétuel Secours, en cet enfant Jésus encore si faible que vous serrez sur votre cœur, vous ne voyez pas seulement le Fils de Dieu, votre Fils, mais aussi tous les humains devenus, par la volonté de Dieu et par votre acceptation à Nazareth et au Golgotha, vos véritables enfants. Avec amour, vous correspondez pleinement à la parole de votre Fils au

Calvaire qui, considérant son disciple Jean et nous tous en lui, vous a dit : « Voici ton fils ! » (Jn 19, 26).

Ô Mère du Perpétuel Secours, avec la simplicité confiante d'un enfant malheureux, je viens vous dire combien je souffre et suis tenté(e) de désespérer. Cependant, je sais que je suis votre enfant et que vous écoutez toutes nos prières. Ô ma Mère, vous connaissez ma demande (la formuler ici) : exaucez-la pour la plus grande gloire de votre Fils, notre Seigneur ! Amen.

On termine par un Notre Père, un Je vous salue Marie et un Gloire à Dieu.

Troisième jour

Textes de méditation

« Puis Jésus (en croix) dit au disciple : "Voici ta mère !" »

Jn 19, 27

« La Reine des cieux, étant ma Mère, doit voir ma bonne volonté et elle s'en contente. »

Sainte Thérèse de l'Enfant-Jésus (MsC 25v°, 16)

Prière du 3ᵉ jour de la neuvaine

Ô **Notre Dame du Perpétuel Secours,** votre image bénie continue de me parler de vos grandeurs (cf. p. 117). À votre gauche, vous présentant déjà la croix, je vois l'archange Gabriel, le divin ambassadeur, qui vous salua du titre absolument unique de « Pleine de grâce ». À votre droite, portant différents instruments de la Passion, je vois l'archange Michel dont la présence nous rappelle que vous régnez sur toutes les armées célestes. Votre main droite soutient le Roi des rois, mais sans l'enserrer, car cette même main reste à demi ouverte, dans une attitude d'offrande au Père céleste et de don aux hommes. Oui, vous êtes vraiment la Femme bénie entre toutes les femmes, l'Immaculée, la Toute-Sainte, le chef-d'œuvre du Très-Haut. Vous êtes la Reine de la terre et des cieux, le grand honneur de notre humanité.

Ô **Mère du Perpétuel Secours,** loin de m'effrayer, vos privilèges ne font qu'augmenter ma confiance. Lorsque Dieu, dans sa bonté, vous a faite si sainte et si puissante, c'était pour notre salut, pour nous permettre de mieux recevoir Jésus et de mieux nous le donner.

Ô Mère incomparable, si Dieu s'en trouve glorifié, accordez-moi la grâce que je sollicite de votre maternelle tendresse (la formuler ici). **Amen.**

On termine par un Notre Père, un Je vous salue Marie et un Gloire à Dieu.

Quatrième jour

Textes de méditation

« Un grand signe apparut dans le ciel. C'est une Femme ! Elle est revêtue de soleil, la lune est sous ses pieds et douze étoiles couronnent sa tête. »

Ap 12, 1

« Contemple ce visage qui ressemble le plus au Christ : sa seule clarté peut te disposer à Le voir. »

Dante, *Divine Comédie*, Paradis, ch. 32, 82

Prière du 4ᵉ jour de la neuvaine

Ô Notre Dame du Perpétuel Secours, votre maternel regard réconforte nos cœurs inquiets et blessés. Vous nous apparaissez comme la Tige sacrée sur laquelle s'épanouit la Fleur de toute pureté et de toute vertu, votre Jésus, notre

Dieu. Nous l'offrons ainsi par vos mains maternelles, nos cœurs s'ouvrant plus largement à sa venue et à ses desseins sur nous. Sur votre front brille une étoile radieuse. N'êtes-vous pas, en effet, « l'Étoile du matin » qui annonce le jour du salut et de la rédemption ? N'êtes-vous pas celle qui nous rappelez la promesse évangélique du jour sans déclin et de l'éternité bienheureuse ? N'êtes-vous pas aussi « l'Étoile de la mer » qui fait rayonner l'espoir au sein des plus noires tempêtes ?

Ô Mère du Perpétuel Secours, comme vous nous rendez léger le fardeau du devoir et doux le joug du Christ Jésus ! Aussi, votre souvenir et l'évocation de votre nom ramènent la paix dans notre âme inquiète.

Laissez-moi vous redire souvent : Ô Mère si digne d'être aimée, je vous aime ! Par vous et avec vous, j'aime votre divin Fils ! Ô sainte Mère d'espérance, si Dieu peut en être glorifié, exaucez-moi (formuler ici la grâce sollicitée).

On termine par un Notre Père, un Je vous salue Marie et un Gloire à Dieu.

Cinquième jour

Textes de méditation

« Que mes yeux versent des larmes nuit et jour, qu'ils ne tarissent pas, car la vierge, fille de mon peuple, est atteinte d'un grand désastre, d'un coup très douloureux. »

Jr 14, 17

« Personne n'a souffert comme Marie, car personne n'a jamais été si uni qu'elle à Jésus crucifié. »

Dom Colomba Marmion

Prière du 5ᵉ jour de la neuvaine

Ô Notre Dame du Perpétuel Secours, votre image nous évoque un autre motif d'espérer en votre bonté. Vous vous y montrez aussi la Mère des douleurs. Celui que vous portez dans vos bras est une petite victime rescapée de la haine d'Hérode ; c'est aussi le futur crucifié sous Ponce Pilate. Votre enfant regarde la croix que lui présente l'ange et en reçoit déjà le choc, l'ignominie en son cœur. L'autre ange lui présente les instruments de la Passion et vous souffrez avec lui à cette évocation prophétique.

Comme vous, ô Marie, je compatis aux souffrances de votre Fils et, comme lui, je compatis aux vôtres. Ma compassion est d'autant plus vive que ce sont aussi mes propres péchés qui, en clouant Jésus en croix, ont torturé votre âme si aimante. Aujourd'hui, c'est au nom de vos douleurs offertes pour nous que je vous prie.

Obtenez-nous donc la contrition de tous nos péchés et le courage de les éviter désormais. Daignez aussi agréer favorablement la requête que je vous adresse dans cette neuvaine (la formuler ici), si toutefois celle-ci est conforme à la volonté de Dieu sur moi. Amen.

On termine par un Notre Père, un Je vous salue Marie et un Gloire à Dieu.

Sixième jour

Textes de méditation

« Le Seigneur a foulé au pressoir la vierge, fille de Juda… C'est pour cela que je pleure ; mes yeux fondent en larmes. »

Lm 1, 15-16

« Ce qui doit vous engager à vous adresser à cette bonne Mère avec une

grande confiance, c'est qu'elle est toujours attentive. »

Saint Curé d'Ars

Prière du 6ᵉ jour de la neuvaine

Ô Notre Dame du Perpétuel Secours, parce que vous êtes bonne et que vous êtes notre Mère, vous compatissez aisément à nos peines. Cette compassion pour vos enfants se lit dans vos yeux qui regardent les pauvres pécheurs que nous sommes. Il est doux à l'âme accablée de rencontrer un cœur ami qui sache compatir. Mais quand ce cœur est celui d'une mère, et d'une mère telle que vous, toujours attentive, c'est l'une des plus grandes consolations de la vie.

À vos pieds, je viens donc reprendre courage, ô Mère compatissante ! Je suis sûr que vous n'abandonnerez pas l'enfant qui a recours à vous. Écoutez le cri de ma misère. Ô Marie, dites à mon âme la parole qui console et accordez-moi la faveur que j'implore de votre bonté (la formuler ici)**, si toutefois celle-ci est conforme à la volonté de Dieu sur moi. Amen.**

On termine par un Notre Père, un Je vous salue Marie et un Gloire à Dieu.

Septième jour

Textes de méditation

« La mère de Jésus dit aux serviteurs : "Faites tout ce qu'il vous dira !" »

Jn 2, 5

« Celui qui aime l'Immaculée généreusement sera sauvé, se sanctifiera et en aidera d'autres à se sanctifier. »

Saint Maximilien Kolbe

Prière du 7ᵉ jour de la neuvaine

Ô Notre Dame du Perpétuel Secours, vous êtes aussi, de par la volonté de votre Fils, la médiatrice de toutes les grâces qu'il veut nous donner. Vous êtes en quelque sorte la trésorière du bon Dieu. Mère des douleurs, vos souffrances unies à celles de Jésus, ont coopéré à notre salut. Mère des hommes, et tout particulièrement de l'Église, puisque vous le souhaitez : venez à notre aide, venez !

Ô Mère du Perpétuel Secours, je sais qu'une âme fidèle à vous invoquer peut être assurée de votre protection et ne

pourra jamais se perdre si elle accepte tant soit peu de vous écouter et de vous imiter.

Obtenez-moi, à votre ressemblance, la fidélité dans le service des intérêts de Dieu. Enfin, si telle est bien la volonté de Dieu, obtenez-moi aussi la faveur que, durant cette neuvaine, je sollicite de votre maternelle tendresse (la rappeler ici). Amen.

On termine par un Notre Père, un Je vous salue Marie et un Gloire à Dieu.

Huitième jour

Textes de méditation

« Or le nom de la vierge était Marie. L'ange Gabriel entra chez elle et lui dit : "Salut, Comblée de grâce ! Le Seigneur est avec toi." »

Lc 1, 28

« Quelle joie de penser que la Vierge Immaculée est notre Mère ! Puisqu'elle nous aime et connaît notre faiblesse, qu'avons-nous à craindre ? »

Sainte Thérèse de l'Enfant-Jésus, Lettre du 9.5.1897

Prière du 8ᵉ jour de la neuvaine

Ô Notre Dame du Perpétuel Secours, un sentiment de crainte me serre parfois le cœur. En effet, lorsque je songe à ma misère, je me trouve audacieux de m'adresser à vous, toute Immaculée, et d'implorer vos faveurs.

Cependant, votre douce image m'invite à la confiance. N'êtes-vous pas la Mère de la miséricorde, qui cherchez, non des mérites à récompenser, mais des maux à guérir ? Votre titre de Mère du Perpétuel Secours ne proclame-t-il pas que Dieu vous envoie vers nous pour nous soulager en son Nom de toutes nos misères ?

Ô Mère du Perpétuel Secours, c'est donc à votre clémence que je fais appel aujourd'hui. Ma confiance repose tout entière sur votre indulgente et compatissante bonté. À vous de nous protéger, de nous secourir, de nous consoler de la manière que vous saurez être la plus conforme à la volonté de notre commun Père du ciel. Amen.

On termine par un Notre Père, un Je vous salue Marie et un Gloire à Dieu.

Neuvième jour

Textes de méditation

« **Jésus leur répondit : "Quiconque accomplit la volonté de Dieu, celui-là est mon frère, ma sœur et ma mère."** »

Mc 3, 35

« **Je trouve tout mon secours dans le Saint-Sacrement et dans la Mère de Dieu.** »

Saint François de Sales

Prière du 9ᵉ jour de la neuvaine

Ô Notre Dame du Perpétuel Secours, me voici arrivé(e) au terme de cette neuvaine où, chaque jour, je suis venu(e) me prosterner à vos pieds. Aujourd'hui plus que jamais, ma supplication monte vers vous, ardente et confiante. Je ne puis en douter, vous avez entendu le cri de ma prière : vous m'accorderez ce que je sollicite (le rappeler ici)**, ou une grâce plus précieuse encore. Par votre Fils crucifié pour nous, par vos douleurs unies aux siennes, par votre amour miséricordieux, par votre titre de Mère du Perpétuel Secours, exaucez-moi si telle est la volonté de Dieu !**

Ô ma Mère, ma confiance est si grande que, dès à présent, je vous dis merci ! Merci pour les grâces du passé ; merci pour celles que j'attends de votre inépuisable amour !

Ô Mère secourable, comme Jésus vous a donnée à nous, donnez-nous maintenant Jésus pour toujours, car c'est Lui la Grâce des grâces ! Amen.

On termine par un Notre Père, un Je vous salue Marie et un Gloire à Dieu.

Grotte de Lourdes avec statue de l'Immaculée

4

Neuvaine
à Notre Dame de Lourdes
– pour une guérison physique
ou spirituelle –

Un peu d'histoire

Le 8 décembre 1854, le pape Pie IX définit solennellement le dogme de la conception immaculée de Marie (ce qui signifiait, entre autres, que Marie était née dans le même état qu'Ève avant son premier péché). Moins de quatre ans plus tard, la Vierge Marie elle-même apparut à une pauvrette de quatorze ans, Bernadette Soubirous, du village de Lourdes. Le 25 mars 1858, l'apparition lui déclara en patois béarnais : « *Que soy era Immaculada Councepciou* », « Je suis l'Immaculée Conception », expression que Bernadette n'avait jamais entendue et dont le sens lui échappa alors totalement.

Depuis la dernière des dix-huit apparitions mariales à la grotte de Massabielle, le 16 juillet 1858, la Vierge n'a cessé d'obtenir, pour les pèlerins qui l'invoquaient, de nombreuses grâces spirituelles et corporelles. Celles-ci se manifestent habituellement dans un climat de prière mariale, lors du ministère des prêtres à la Grotte (confession, messe et sacrement des malades), des bains aux piscines et de l'absorption d'un peu d'eau de la source jaillie miraculeusement lors de la neuvième apparition, le 25 février.

Depuis 1858 jusqu'à nos jours, il y a eu à Lourdes plusieurs milliers de guérisons scientifiquement inexplicables « dans l'état actuel de nos connaissances ». Avec une grande prudence et après de longues et minutieuses enquêtes, l'Église n'a jusqu'ici déclaré miraculeuses que 67 guérisons (la dernière fut reconnue en 2005). Ce nombre relativement modeste ne doit pas décourager, car il ne concerne que les guérisons scientifiquement étudiées et constatées par le CMIL (le Comité Médical International de Lourdes). Il ne reflète pas les innombrables grâces spirituelles et corporelles obtenues par tous ceux qui, dans un moment difficile, ont osé se tourner avec confiance vers Notre Dame de Lourdes.

En ce lieu modeste et néanmoins solide, une grotte dans le roc, l'Église se plaît à la saluer avant tout comme l'Immaculée, la « Pleine de grâce » de l'Écriture, la Mère de Jésus qui déclara à Cana : « Faites tout ce qu'il vous dira ! » (Jn 2, 5).

Intentions principales de la neuvaine

Cette neuvaine sera principalement priée par les personnes sollicitant de Dieu une guérison physique et/ou spirituelle. Cette grâce pourra les concerner personnellement, mais peut aussi très bien être demandée au nom d'autres personnes qui ne peuvent ou ne veulent pas poser actuellement une démarche de ce type.

Quand faire la neuvaine

La fête de Notre Dame de Lourdes se célèbre liturgiquement le 11 février (début de la neuvaine le 3 février). Du fait de la présence du chapelet sur l'avant-bras droit de l'apparition et du nom qu'elle s'est donnée, on peut aussi honorer Notre Dame de Lourdes sous les titres voisins de Notre Dame du Rosaire le 7 octobre (début de la neuvaine le 29 septembre) ou celui d'Immaculée Conception le 8 décembre (début de la neuvaine le 29 novembre). Les apparitions de Lourdes sont de toute façon si riches théologiquement et symboliquement, qu'ici, toute fête mariale peut convenir. On peut enfin commencer la neuvaine n'importe quel vendredi pour l'achever neuf jours plus tard, un samedi, jour liturgiquement consacré à la Vierge.

S'il n'y a aucun empêchement canonique, on se confessera durant l'un des neuf jours. On communiera alors au moins le dernier jour en offrant à Dieu les intentions de la neuvaine. Si l'on est à Lourdes et que l'état de santé le permet, on tâchera d'aller prendre un bain aux piscines du Sanctuaire.

Premier jour

Rappel historique

C'était le jeudi 11 février 1858 vers l'heure de midi. Pendant environ une demi-heure, une belle jeune fille apparaît pour la première fois à Bernadette de Lourdes dans un renfoncement de la grotte de Massabielle, au bord du Gave. Elle salue l'adolescente de quatorze ans d'un léger mouvement de tête. Peu après, elle se signe d'un grand et beau signe de croix, puis fait courir sous ses doigts les grains de son chapelet. Elle reste silencieuse et sourit à Bernadette qui, elle, prie son chapelet à haute voix. Quand cette dernière l'a achevé, la jeune fille toute de blanc vêtue la salue en

souriant, recule un peu, puis disparaît soudainement.

Méditation du 1ᵉʳ jour de la neuvaine

Portons un instant notre attention sur l'étonnant silence de Notre Dame lors de sa première apparition à Bernadette. Il s'agit là du silence de la prière, de la communion cordiale et souriante par-delà toute parole, du silence des grands commencements, celui de la plénitude d'une Présence... Demandons à Dieu la grâce de pouvoir nous aussi faire suffisamment silence en nous pour être introduits dans le silence des âmes contemplatives qui sont souriantes au pied du Seigneur, s'offrant à Lui sans rien dire.

Effort pratique de conversion pour le 1ᵉʳ jour de la neuvaine

Posons prochainement un acte de réconciliation en faveur d'une personne hostile ou dont nous nous sommes éloignés par antipathie naturelle.

Prières de la neuvaine

Notre Dame de Lourdes, nous sommes tous vos enfants. Convertissez-nous,

guérissez-nous, conduisez-nous à votre divin Fils notre Sauveur, pour l'amour et la gloire de la Sainte Trinité. Amen.

Notre Dame de Lourdes, nous voici à vos pieds pour solliciter de vous la grâce suivante : (l'exposer ici). Notre confiance en votre pouvoir d'intercession est inébranlable. Vous pouvez tout obtenir de votre divin Fils, mais qu'il ne nous advienne cependant que ce qu'Il préfère, car, comme vous et avec vous, nous voulons L'aimer plus que nous-mêmes. Amen.

On poursuit par la récitation des Litanies de Notre Dame de Lourdes

Seigneur, prends pitié.
Ô Christ, prends pitié.
Seigneur, prends pitié.

Notre Dame de Lourdes,
Vierge immaculée,
R/ Priez pour nous.
N.D. de Lourdes, Mère du divin Sauveur,
R/ Priez pour nous.
N.D. de Lourdes, qui avez choisi pour interprète une enfant faible et pauvre,
R/ Priez pour nous.

N.D. de Lourdes, qui avez fait couler sur la terre une source qui réconforte tant de pèlerins, R/ Priez pour nous.

N.D. de Lourdes, dispensatrice des dons du ciel, R/ Priez pour nous..

N.D. de Lourdes, humble servante de la miséricorde divine, R/ Priez pour nous.

N.D. de Lourdes, à qui Jésus ne peut rien refuser, R/ Priez pour nous.

N.D. de Lourdes, que nul n'a jamais invoquée en vain, R/ Priez pour nous.

N.D. de Lourdes, consolatrice des affligés, R/ Priez pour nous.

N.D. de Lourdes, qui guérissez les malades, R/ Priez pour nous.

N.D. de Lourdes, qui éclairez les incroyants, R/ Priez pour nous.

N.D. de Lourdes, qui fortifiez les pèlerins, R/ Priez pour nous.

N.D. de Lourdes, qui priez pour les pécheurs, R/ Priez pour nous.

N.D. de Lourdes, qui nous invitez à la pénitence, R/ Priez pour nous.

N.D. de Lourdes, qui assistez les mourants, R/ Priez pour nous.

N.D. de Lourdes, soutien de la sainte Église, R/ Priez pour nous.

N.D. de Lourdes, avocate des âmes du purgatoire, R/ Priez pour nous.

N.D. de Lourdes, Vierge du très saint Rosaire, R/ Priez pour nous.

Agneau de Dieu, qui enlèves les péchés du monde,
   pardonne-nous, Seigneur.
Agneau de Dieu, qui enlèves les péchés du monde,
   exauce-nous, Seigneur.
Agneau de Dieu, qui enlèves les péchés du monde,
   aie pitié de nous, Seigneur.

V/ Priez pour nous, Notre Dame de Lourdes.
R/ Afin que nous soyons rendus dignes des promesses du Christ.

PRIONS : Seigneur Jésus, nous te bénissons et te remercions pour toutes les grâces que, par ta Mère à Lourdes, tu répands sur ton peuple priant et souffrant. Que nous-mêmes, par l'intercession de Notre Dame de Lourdes, nous ayons part à ces biens pour mieux t'aimer et te servir ! Amen.

On conclut par la méditation d'une dizaine de chapelet et le Gloire à Dieu.

Deuxième jour

Rappel historique

Le dimanche 14 février 1858, la Vierge apparaît à nouveau à Bernadette, se contentant de lui sourire sans rien lui dire. Le jeudi 18 février, la jeune bergère se rend à la grotte de Massabielle vers 7 heures du matin, peu après la messe. À peine agenouillée, elle revoit la belle dame. À un certain moment, l'apparition lui parle dans son patois béarnais, seule langue qu'elle connaisse à l'époque : « *Boulet aué era gracie de bié t'aci penden quinze dies ?* », « Voulez-vous me faire la grâce de venir ici pendant quinze jours ? » Un peu plus tard, elle ajoute : « *Nou-b proumèti pas de hè-be urouse en éste mounde, mes en aute* », « Je ne promets pas de vous rendre heureuse dans ce monde, mais dans l'autre. » Après une demi-heure environ, l'apparition disparaît.

Méditation du 2ᵉ jour de la neuvaine

Jusqu'ici, personne n'avait vouvoyé Bernadette au village et voici que la première à le faire est sa céleste visiteuse.

Jamais l'humble bergère n'aurait imaginé cela d'elle-même. L'apparition lui fait également une promesse en forme de prophétie qui s'applique aussi à tous ceux qui observent fidèlement la volonté de Dieu : le bonheur, oui, peut-être parfois ici-bas, mais en tout cas assurément dans « l'autre monde ». C'est donc bien qu'il existe un autre monde et une vie éternelle qui nous y attend, si toutefois nous consentons à œuvrer tant soit peu dans le sens de l'amour qu'est Dieu.

Effort pratique de conversion pour le 2ᵉ jour de la neuvaine

Choisissons une date proche pour nous confesser et préparons-la sérieusement devant Dieu. Le saint Curé d'Ars insistait sur l'importance du « ferme propos » de ne plus recommencer, sinon cette démarche bénéfique perd une grande partie de sa force et de sa raison d'être.

Prières de la neuvaine

Notre Dame de Lourdes, nous sommes tous vos enfants…

Notre Dame de Lourdes, nous voici à vos pieds…

(cf. 1ᵉʳ jour de la neuvaine).

On conclut par la récitation des Litanies de N.D. de Lourdes, suivies d'une dizaine de chapelet médité et du Gloire à Dieu (cf. fin du 1er jour de la neuvaine).

Troisième jour

Rappel historique

Le vendredi 19 février 1858 au matin, alors qu'il gèle à pierre fendre, Bernadette se rend à la grotte. La belle dame lui apparaît dès le troisième *Ave* et la salue de la main et de la tête tout en lui souriant. À un moment, le visage de l'apparition prend une expression de grande gravité. Des hurlements féroces semblent provenir du Gave tout proche. Des voix s'interpellent, se croisent, se heurtent comme les clameurs d'une foule en colère. De cette cacophonie se détachent deux mots chargés de haine : « Sauve-toi ! Sauve-toi ! » La dame tourne alors les yeux en direction du Gave et tout redevient calme, comme avant.

Méditation du 3e jour de la neuvaine

Le message de cette quatrième apparition est clair : lorsque la Vierge se

manifeste quelque part, le démon n'est pas loin et travaille autant qu'il le peut à détruire son œuvre ou, du moins, à jeter le trouble dans les esprits. Sachons le chasser avec les armes que propose l'Église : la fréquentation des sacrements, la fidélité à la prière et aux bonnes œuvres, la dévotion à Marie, Reine des armées célestes, la pratique de l'humilité et de l'obéissance envers Dieu et ses représentants...

Effort pratique de conversion pour le 3e jour de la neuvaine

Allons rendre visite au Saint-Sacrement dans une église proche. Confions nommément au Christ eucharistique nos proches, nos amis et relations en difficulté. Demandons à Notre Dame d'éloigner de nous tout esprit mauvais, toute tentation, toute pensée contraire à la volonté de Dieu.

Prières de la neuvaine

Notre Dame de Lourdes, nous sommes tous vos enfants...

Notre Dame de Lourdes, nous voici à vos pieds...

(cf. cf. 1er jour de la neuvaine).

On conclut par la récitation des Litanies de N.D. de Lourdes, suivies d'une dizaine de chapelet médité et du Gloire à Dieu (cf. fin du 1er jour de la neuvaine).

Quatrième jour

Rappel historique

Le samedi 20 février 1858, toujours de bon matin, Bernadette se rend à la grotte. Elle est entourée d'une trentaine de témoins. Elle entre en extase pendant une quarantaine de minutes. Elle continue de prier son chapelet, mais sa récitation est entrecoupée de pauses pendant lesquelles la dame lui apprend « mot par mot » une prière destinée à elle seule et qu'elle aura à réciter tous les jours de sa vie.

Méditation du 4e jour de la neuvaine

Dans cette cinquième apparition, Marie se fait pédagogue de la prière. Elle personnalise la récitation du chapelet de l'humble bergère en l'invitant à conclure chaque dizaine par une invocation « sur mesure », conçue spécialement pour elle, conforme à son être et sa vocation propre. Si l'on voulait s'inspirer de cet

exemple, on pourrait emprunter l'invocation que Notre Dame du Rosaire enseigna plus tard, le 13 juin 1917, à trois jeunes bergers de Fatima : « Ô mon Jésus, pardonne-nous nos péchés, préserve-nous du feu de l'enfer et conduis au Ciel toutes les âmes, spécialement celles qui ont le plus besoin de ta Miséricorde ! ».

Effort pratique de conversion pour le 4ᵉ jour de la neuvaine

Prions la dizaine de chapelet prévue par la neuvaine en y ajoutant aujourd'hui, après le Gloire au Père, une courte invocation silencieuse composée avec quelques mots tout simples jaillis du cœur.

Prières de la neuvaine

Notre Dame de Lourdes, nous sommes tous vos enfants...

Notre Dame de Lourdes, nous voici à vos pieds...

(cf. 1ᵉʳ jour de la neuvaine).

On conclut par la récitation des Litanies de N.D. de Lourdes, suivies d'une dizaine de chapelet médité et du Gloire à Dieu (cf. fin du 1ᵉʳ jour de la neuvaine).

Cinquième jour

Rappel historique

Le mercredi 24 février 1858, Bernadette se présente à la grotte bien avant le point du jour. Environ quatre cents personnes l'y ont déjà précédée. La dame lui apparaît d'abord au-dessus de l'églantier de l'excavation de droite, comme les autres fois, puis elle disparaît et Bernadette la revoit soudain sous la voûte même de la grotte. Agenouillée à quelques pas de l'apparition, les mains jointes sur son chapelet, l'humble voyante se met à pleurer et, à voix audible, elle répète aux assistants impressionnés le message qui vient de lui être confié : « *Peniténce... peniténce... peniténce !* », « Pénitence... pénitence... pénitence ! »

Méditation du 5e jour de la neuvaine

Si Bernadette pleure au cours de cette huitième apparition, ce n'est pas en raison du message que la Vierge lui demande de transmettre à la foule, c'est parce que, dans la lumière surnaturelle qui la baigne, elle voit et comprend combien tout péché offense le Dieu infini d'amour et de sainteté.

Effort pratique de conversion pour le 5ᵉ jour de la neuvaine

Faisons ce midi ou ce soir un jeûne partiel et discret pour la réparation de nos péchés, ainsi qu'aux intentions de tous ceux et celles qui prient et prieront Notre Dame avec cette neuvaine.

Prières de la neuvaine

Notre Dame de Lourdes, nous sommes tous vos enfants…
Notre Dame de Lourdes, nous voici à vos pieds…
(cf. 1ᵉʳ jour de la neuvaine).

On conclut par la récitation des Litanies de N.D. de Lourdes, suivies d'une dizaine de chapelet médité et du Gloire à Dieu (cf. fin du 1ᵉʳ jour de la neuvaine).

Sixième jour

Rappel historique

Le jeudi 25 février 1858, avant le jour, Bernadette et quatre cents personnes environ se trouvent déjà rassemblées à la

grotte. Alors qu'elle vient d'achever la première dizaine de son chapelet, la jeune bergère entre en extase. Après l'échange des salutations, la Vierge lui dit : « *Anat béue en'à hount è b'y laua !* », « Allez boire à la fontaine et vous y laver ! » Bernadette se met alors à gravir à genoux la pente qui mène au fond de la grotte. N'y repérant aucune trace de source, elle repart vers le Gave. La Vierge l'arrête et lui montre du doigt l'endroit où doit se trouver l'eau. Bernadette se met alors à gratter la terre humide et bientôt de l'eau vient, mais elle est trouble. Ce n'est qu'après le quatrième essai qu'elle peut enfin boire et s'en passer sur le visage. La dame lui dit encore : « *Anat minyà d'aquére yèrbe qui ey athéu !* », « Allez manger de cette herbe qui est là ! ». Bernadette s'exécute et fait alors scandale autour d'elle. Des gens s'écrient même : « Elle est folle ! »

Méditation du 6ᵉ jour de la neuvaine

Cette neuvième apparition est pleine de symboles. Quand la veille, la Vierge avait parlé de pénitence et que Bernadette avait pleuré, l'assistance était restée bien calme. Mais aujourd'hui, à la vue d'une toute jeune fille qui se livre publiquement à des actes pénitentiels fort inhabituels, c'est le trouble « du bon ordre public », le scandale chez quelques-uns. Pourtant, saint Paul avait déjà averti que le langage de la croix était une *folie* pour le monde et pourtant une force divine pour les élus (1 Co 1, 18).

Effort pratique de conversion pour le 6ᵉ jour de la neuvaine

Posons un geste de pénitence simple et discret pour la délivrance des âmes du purgatoire, notamment celles de nos défunts (parents, proches et amis). Pour elles toutes, faisons célébrer une messe et communions à leur intention.

Prières de la neuvaine

Notre Dame de Lourdes, nous sommes tous vos enfants...
Notre Dame de Lourdes, nous voici à vos pieds...
(cf. 1ᵉʳ jour de la neuvaine).

On conclut par la récitation des Litanies de N.D. de Lourdes, suivies d'une dizaine de chapelet médité et du Gloire à Dieu (cf. fin du 1ᵉʳ jour de la neuvaine).

Septième jour

Rappel historique

Le samedi 27 février 1858, à 6 h 30 du matin, la jeune Soubirous arrive à la grotte. Il s'y presse déjà huit à neuf cents personnes. Bernadette se met à genoux et, d'un coup, la foule se tait. « On était là comme dans une église » dira un témoin. Dans la ligne pénitentielle des jours précédents, la dame fait cette surprenante demande : « *Anat punà éra terre entà hè peniténce ent'ats pecadous !* », « Allez embrasser la terre en pénitence pour les pécheurs ! ». Bernadette obéit aussitôt et exécute son geste plusieurs fois. Puis la dame délivre ce message qui implique directement l'avenir du lieu : « *Anat dise ats prètres de hè basti aci ue capère !* », « Allez dire aux prêtres de faire bâtir ici une chapelle ! ». Le 2 mars suivant, l'apparition ajoutera qu'elle souhaiterait qu'on y vienne « en procession ».

Méditation du 7ᵉ jour de la neuvaine

Dans cette dixième apparition, Marie continue d'enseigner un catéchisme vivant à Bernadette, ainsi qu'à tous les pèlerins présents et futurs. La leçon de ces derniers jours est claire : toute rencontre authentique avec Dieu nécessite un minimum de « préparations ». On doit se purifier le corps et l'âme dans l'eau vive d'une source providentielle, symbole du baptême ; on embrasse la terre/humus pour rester humble, petit et pénitent ; on participe à la construction d'une chapelle, afin qu'on puisse y organiser des pèlerinages et y célébrer les sacrements, spécialement l'Eucharistie qui aujourd'hui tient une si grande place à Lourdes.

Effort pratique de conversion pour le 7ᵉ jour de la neuvaine

Profitons d'un moment de solitude dans la nature, dans notre chambre ou dans une chapelle vide, pour embrasser le sol en esprit de pénitence et d'humilité. Certes, il est bon aussi de nous rappeler que nous ne sommes que poussière, mais une poussière que Dieu aime personnellement et chacune de manière singulière.

Prières de la neuvaine

Notre Dame de Lourdes, nous sommes tous vos enfants...
Notre Dame de Lourdes, nous voici à vos pieds...
(cf. 1ᵉʳ jour de la neuvaine).

On conclut par la récitation des Litanies de N.D. de Lourdes, suivies d'une dizaine de chapelet médité et du Gloire à Dieu (cf. fin du 1ᵉʳ jour de la neuvaine).

Huitième jour

Rappel historique

Durant la nuit du jeudi 25 mars 1858, en la fête de l'Annonciation, Bernadette se sent appelée à venir à la grotte. Elle y arrive vers 5 h 30 du matin, et découvre que la belle dame est déjà là, paisible, souriante, regardant la foule avec bonté. Bernadette lui demande pardon de son retard, mais la dame lui fait signe de la tête qu'elle n'a pas à s'excuser. Au moment de commencer son chapelet, Bernadette voit la dame se déplacer et aller sous la voûte, tout à côté de la source. Un cierge à la main, elle s'approche à son tour et, restant debout, l'interroge :

« Madame, voulez-vous avoir la bonté de me dire qui vous êtes ? » La dame salue en souriant, mais sans répondre. Bernadette répète alors sa question une deuxième, puis une troisième fois. L'apparition prend alors un air grave et recueilli. Elle joint les mains, les porte sur le haut de la poitrine et fixe le ciel. Puis, séparant lentement les mains et se penchant vers Bernadette, elle lui dit d'une voix émue : « *Que soy era Immaculada Councepciou !* », « Je suis l'Immaculée Conception ! ». L'apparition se remet alors à sourire, ne parle plus, puis disparaît.

Méditation du 8ᵉ jour de la neuvaine

En guise de nom, Marie donne la formulation de son premier privilège, sa conception immaculée. Elle s'identifie tellement à ce don unique de Dieu qu'elle s'autorise à se désigner par lui. C'est comme si elle déclarait : « Je suis et demeure cette grâce reçue dès l'instant de ma conception. Parmi tous les humains conçus sur cette terre, c'est aujourd'hui ce privilège qui me désigne le mieux (le pape en a défini le dogme quatre ans plus tôt). Je suis la conception immaculée de l'humanité rachetée et j'ai été "épousée" par l'Amour incréé de Dieu, l'Esprit Saint du Père et du Fils. Qui s'approche de moi s'approche donc toujours aussi de mon Époux divin. Avec Lui, je suscite à mon Fils des frères et des sœurs vivant, en pureté et humilité, la montée d'amour vers notre Père commun. »

Effort pratique de conversion pour le 8ᵉ jour de la neuvaine

Prononçons de tout notre cœur un acte de consécration à la Vierge Immaculée. Par exemple, celui de saint Louis-Marie Grignion de Montfort :

« Je te choisis aujourd'hui, ô Marie, en présence de toute la Cour céleste, pour ma Mère et ma Reine. Je te livre et consacre, en toute soumission et amour, mon corps et mon âme, mes biens intérieurs et extérieurs, et la valeur même de mes bonnes actions passées, présentes et futures, te laissant un entier et plein droit de disposer de moi et de tout ce qui m'appartient sans exception, selon ton bon plaisir, à la plus grande gloire de Dieu pour le temps et l'éternité. Amen. »

Prières de la neuvaine

Notre Dame de Lourdes, nous sommes tous vos enfants…

Notre Dame de Lourdes, nous voici à vos pieds…

(cf. 1er jour de la neuvaine).

On conclut par la récitation des Litanies de N.D. de Lourdes, suivies d'une dizaine de chapelet médité et du Gloire à Dieu (cf. fin du 1er jour de la neuvaine).

Neuvième jour

Rappel historique

Le vendredi 16 juillet 1858, en la fête de Notre Dame du Mont Carmel, pendant sa prière du soir à l'église, Bernadette se sent poussée à retourner à la grotte. Par ordre du maire, celle-ci a été entourée de palissades et l'accès en est momentanément interdit. Avec sa tante Lucile, elle se rend alors dans la prairie qui fait face à la grotte, de l'autre côté du Gave. Agenouillées dans l'herbe, Bernadette et sa tante commencent à réciter quelques Ave. Il est environ 20 heures. Soudain, Bernadette s'écrie : « Oui, oui, la voilà ! Elle nous salue et nous sourit

par-dessus les barrières ! » L'Immaculée se montre environ un quart d'heure au-dessus de l'églantier. Bernadette racontera plus tard le déroulement de cette dix-huitième et dernière apparition : « À ce moment-là, je ne voyais plus le Gave ni les planches. Il me semblait qu'il n'y avait pas, entre la Dame et moi, plus de distance que les autres fois. Je ne voyais qu'elle. Jamais je ne l'avais vue aussi belle ! »

Méditation du 9ᵉ jour de la neuvaine

En guise d'au revoir, Marie renouvelle ce qu'elle a fait au début des apparitions : elle sourit et reste silencieuse, toute baignée de lumière divine, le regard posé sur notre pauvre humanité. Elle se joue des obstacles qui veulent l'éloigner de ses enfants : elle s'en rend même plus proche et plus réconfortante, tant il est vrai que le Royaume de Dieu est déjà présent chez les humbles de cœur qui souffrent injustement en raison de leur foi.

Effort pratique de conversion pour le 9ᵉ jour de la neuvaine

Faire une fois dans l'année un pèlerinage à un sanctuaire marial, même très proche de notre domicile, ou suivre une retraite spirituelle dans un lieu muni d'une chapelle.

Prières de la neuvaine

Notre Dame de Lourdes, nous sommes tous vos enfants...
Notre Dame de Lourdes, nous voici à vos pieds...
(cf. 1er jour de la neuvaine).

On conclut par la récitation des Litanies de N.D. de Lourdes, suivies d'une dizaine de chapelet médité et du Gloire à Dieu (cf. fin du 1er jour de la neuvaine).

5

Neuvaine à N.D. de la Médaille miraculeuse
– pour une grâce de protection particulière –

Un peu d'histoire

En 1830, une novice de vingt-quatre ans des Filles de la Charité, Catherine Labouré, eut plusieurs apparitions de la Vierge Marie dans la chapelle du 140 rue du Bac, à Paris. Notre Dame lui demanda, entre autres requêtes, de faire frapper une médaille mariale sur un modèle qu'elle lui indiqua sous forme d'un double tableau. La médaille fut exécutée à partir de 1832 et connut une diffusion rapidement considérable, touchant tous les points du globe. De multiples témoignages de guérisons et de conversions parvinrent aux responsables de la Chapelle des apparitions, d'où bientôt l'appellation de « médaille miraculeuse » qui lui fut donnée et qui lui resta.

Un filial amour de Marie incline bien des croyants à porter sur eux ce *condensé* de plusieurs mystères évangéliques : la conception immaculée de Marie, sa médiation universelle en union avec le Cœur du Christ, sa participation intime et douloureuse au mystère de la croix, sa victoire sur le serpent diabolique, sa glorification céleste dans la lumière divine avec son couronnement de douze étoiles comme l'avait déjà contemplé saint Jean dans l'Apocalypse (Ap 12, 1). L'ami de Notre Dame ne confondra pas cette médaille qui ravive le souvenir, l'amour filial et la grâce qui l'accompagne, avec un vulgaire porte-bonheur ou talisman.

Intentions principales de la neuvaine

Cette neuvaine sera principalement priée par les croyants sollicitant de Dieu une protection particulière. Il serait bon que la personne qui fait la neuvaine et celle qui en est le bénéficiaire (qui peut être la même) porte sur elle la médaille, objet de piété que l'on peut faire bénir par n'importe quel prêtre.

Quand faire la neuvaine

La fête de Notre Dame de la Médaille miraculeuse se célèbre le 27 novembre (début de la

neuvaine le 19 novembre). En raison de l'inscription sur la médaille saluant « Marie conçue sans
péché », on peut aussi honorer Notre Dame sous
son titre liturgique d'Immaculée Conception le
8 décembre (début de la neuvaine le 29 novembre).
On peut également choisir toute fête mariale
proche dans le calendrier. On peut enfin commencer la neuvaine n'importe quel vendredi
pour l'achever neuf jours plus tard, un samedi,
jour liturgiquement consacré à la Vierge.

S'il n'y a aucun empêchement canonique, on
se confessera durant l'un des neuf jours. On
communiera alors au moins le dernier jour en
offrant à Dieu les intentions de la neuvaine. Si
l'on est dans la région parisienne en France, on
tâchera de se rendre au moins une fois dans la
Chapelle de la Rue du Bac, au pied de l'autel
principal, comme l'avait demandé la Vierge à
sainte Catherine Labouré.

Premier jour

Rappel historique

**Âgée de vingt-quatre ans, Catherine
Labouré est novice chez les Filles de la
Charité du couvent parisien de la rue du
Bac. Dans la nuit du 18 juillet 1830, vers
23 h 30, elle est réveillée par un jeune**

enfant qui lui dit : « Ma Sœur, levez-vous vite et venez à la chapelle : la Sainte Vierge vous attend ! » Après s'être habillée, Catherine suit son divin messager duquel rayonne une clarté surnaturelle. D'un simple effleurement du doigt, il fait s'ouvrir la porte de la chapelle qui apparaît alors toute illuminée, « comme pour une messe de minuit » dira plus tard Catherine.

Méditation du 1ᵉʳ jour de la neuvaine

Le Seigneur avait assuré Moïse : « Je vais envoyer un ange devant toi pour te garder en chemin et te faire entrer dans le lieu que je t'ai préparé » (Ex 23, 20). Plus tard, le Christ avait témoigné que tous les hommes, même les enfants, sont sous la protection d'un ange qui les garde tout en contemplant sans cesse la Face de son Père (Mt 18, 10). L'événement mystique survenant à la jeune Sœur Catherine nous est un judicieux rappel de la foi de l'Église en l'existence des anges gardiens et de leur ministère auprès des hommes. Qu'en est-il de notre propre relation de confiance et de prière à l'ange que Dieu a spécialement placé près de nous pour nous aider à mieux vivre selon la grâce de notre état ?

Effort pratique de conversion pour le 1ᵉʳ jour de la neuvaine

Un peu de prière nocturne ne déplaît pas à Dieu, si elle ne nuit pas à la santé ni au devoir d'état. Ainsi, le psaume 119, 62 déclare-t-il : « Au milieu de la nuit, je me lève, Seigneur, pour te célébrer en raison de ta sainteté. » À l'exemple du roi David et de tous les moines et moniales du monde entier, sachons profiter de nos réveils nocturnes pour élever notre esprit vers Dieu et lui confier l'humanité souffrante et pécheresse.

Prières de la neuvaine

Ô Vierge Immaculée, Notre Dame de la Médaille miraculeuse, nous sommes heureux de venir vous rendre visite, au moins par la pensée, dans votre chapelle de Paris. Ayez pitié de nous et, selon votre promesse, envoyez-nous un rayon de la grâce divine pour que notre cœur en soit tout illuminé, purifié et fortifié en vue du bien qui plaît à Dieu. Nous vous le demandons au nom de votre Fils qui nous a lui-même donné à aimer son Cœur et le vôtre comme notre plus grand trésor ici-bas. Amen.

Notre Dame de la Médaille miraculeuse, nous voici à vos pieds pour solliciter de vous la grâce suivante : (l'exposer ici). **Notre confiance en votre pouvoir d'intercession est inébranlable. Vous pouvez tout obtenir de votre divin Fils, mais qu'il ne nous advienne cependant que ce qu'Il préfère, car, comme vous et avec vous, nous voulons L'aimer plus que nous-mêmes. Amen.**

Puis on dit (ou on chante) trois fois de suite l'invocation de la médaille :

Ô Marie conçue sans péché,

priez pour nous qui avons recours à vous.

On conclut par la méditation d'une dizaine de chapelet et le Gloire à Dieu.

Deuxième jour

Rappel historique

Une fois entrés dans la chapelle, Catherine et son ange gardien s'approchent de l'autel, jusqu'à la table de communion. Là, Catherine s'agenouille pendant que son ange reste debout un

peu en retrait. Après un moment, il lui dit : « Voici la Sainte Vierge ! » Catherine perçoit nettement le frou-frou d'une robe de soie venant du côté de la tribune. Elle voit alors apparaître une belle Dame qui va s'asseoir dans le fauteuil du chœur. D'un bond, la jeune religieuse s'approche, s'agenouille sur les marches de l'autel et, avec une spontanéité toute filiale, pose ses mains jointes sur les genoux de la Vierge Marie. Celle-ci lui explique alors la meilleure manière de se conduire avec son entourage et comment mieux profiter des croix que Dieu lui envoie.

Méditation du 2ᵉ jour de la neuvaine

Imaginons un instant qu'à l'exemple de sainte Catherine, nous ayons la grâce de venir tout près de Marie assise et prête à nous écouter. Que lui dirions-nous ? Et elle, que pourrait-elle nous dire sur notre vie et nos difficultés du moment ?

Effort pratique de conversion pour le 2ᵉ jour de la neuvaine

Choisissons une date proche pour nous confesser et préparons-la sérieusement devant Dieu.

Prières de la neuvaine

Ô Vierge Immaculée...
Notre Dame de la Médaille miracu-
leuse...
(cf. 1ᵉʳ jour de la neuvaine).

On conclut par la récitation de l'invocation de la Médaille (3 fois), suivie d'une dizaine de chapelet médité et du Gloire à Dieu.

Troisième jour

Rappel historique

La Vierge Marie dit encore ceci à Sœur Catherine : « Mon enfant, le bon Dieu veut vous charger d'une mission... Vous en serez tourmentée jusqu'à ce que vous l'ayez dit à celui qui est chargé de vous conduire... Ayez confiance, ne craignez pas. Vous verrez certaines choses, vous serez inspirée dans vos oraisons : rendez-en compte ! »

Méditation du 3ᵉ jour de la neuvaine

Tout homme, toute femme, tout enfant, reçoit de Dieu la même mission fondamentale : devenir « saint et immaculé en Sa présence dans l'amour » (Ep 1, 4).

Appelée à s'unir de plus en plus à l'Esprit même de Dieu, la conscience du chrétien devient « demeure de Dieu » (Saint Augustin). Le secret de cette sainteté-là n'est pas à chercher du côté des actions et pénitences extraordinaires. Catherine Labouré et Thérèse de l'Enfant-Jésus ont montré la voie de la sainteté moderne : elle est du côté d'une fidélité, patiente et pleine d'amour, dans les petites choses du quotidien. Cette voie dite d'*enfance spirituelle* est à l'abri des illusions.

Effort pratique de conversion pour le 3ᵉ jour de la neuvaine

La Vierge recommanda à Sœur Catherine de rendre compte des affaires de son âme à son directeur spirituel, en l'occurrence le prêtre chargé de la communauté. Il serait souhaitable que nous puissions parfois en faire autant auprès d'un prêtre, d'un religieux ou, à défaut, d'un laïc expérimenté (homme ou femme).

Prières de la neuvaine

Ô Vierge Immaculée...
Notre Dame de la Médaille miraculeuse...
(cf. 1ᵉʳ jour de la neuvaine).

On conclut par la récitation de l'invocation de la Médaille (3 fois), suivie d'une dizaine de chapelet médité et du Gloire à Dieu.

Quatrième jour

Rappel historique

Dans cette même nuit du 18 au 19 juillet 1830, la Vierge continue de parler à Sœur Catherine Labouré : « Les temps sont mauvais. Les malheurs viendront fondre sur la France… Mais venez au pied de cet autel. Là, les grâces seront répandues sur toutes les personnes qui les demanderont avec confiance et ferveur, grands et petits. »

Plus tard, Catherine précisera la nature de ces grâces que la Vierge aime à répandre sur les pèlerins : « Surtout, la pureté d'esprit, de cœur, de volonté : le pur amour. »

Méditation du 4ᵉ jour de la neuvaine

Par sa jeune ambassadrice, la Vierge donne ici un conseil pratique à tous ses amis, proches et lointains : « Venez au pied de cet autel ! » La Vierge aime bien nous « mettre en marche », nous faire

concrètement pèleriner vers le mystère de l'autel, celui de son Fils totalement offert aux hommes dans le Pain eucharistique. Aimons à poser de temps en temps un acte de pèlerinage marial. Si la chapelle des Sœurs de la Charité est trop éloignée de chez nous, choisissons-en une autre également dédiée à Notre Dame et allons-y tout en portant sur nous la médaille de la Rue du Bac.

Effort pratique de conversion pour le 4e jour de la neuvaine

Comment pouvons-nous mieux vivre le « pur amour » ? En tâchant de nous détacher de tout égoïsme, même spirituel, et de devenir transparents à la grâce. Jésus avait formulé la même exigence sous forme d'une béatitude : « Heureux les cœurs purs, car ils verront Dieu ! » (Mt 5, 8).

Prières de la neuvaine

Ô Vierge Immaculée...
Notre Dame de la Médaille miraculeuse...
(cf. 1er jour de la neuvaine).
On conclut par la récitation de l'invocation de la Médaille (3 fois), suivie d'une dizaine de chapelet médité et du Gloire à Dieu.

Cinquième jour

Rappel historique

Devant Catherine, la Vierge soulève un peu le voile des événements à venir et garantit les siens de la protection divine quoi qu'il puisse advenir : « De grands malheurs arriveront. Le danger sera grand. Cependant, ne craignez point. La protection de Dieu est toujours là d'une manière toute particulière : saint Vincent de Paul protégera la Communauté. Moi-même, je serai avec vous... Ayez confiance, vous connaîtrez ma visite et la protection de Dieu... La croix sera méprisée, on la mettra par terre. Le sang coulera. On ouvrira de nouveau le côté de Notre Seigneur... Mais après, il y aura une grande dévotion au Sacré-Cœur. »

Méditation du 5ᵉ jour de la neuvaine

Les événements futurs annoncés à Sœur Catherine visent à la fois la brève révolution de fin juillet 1830, avec la chute du trône royal, et ceux de la Commune en 1871. Ces troubles politiques ont leur explication profane, mais, au niveau

essentiel du salut des âmes, il convient de remarquer que l'arrivée des malheurs n'entrave nullement l'action bienfaisante de la Providence envers les priants et les humbles. La Vierge promet même une protection « particulière » de Dieu. Après l'annonce de l'épreuve purificatrice, vient celle d'une bonne nouvelle : la dévotion au Cœur du Christ. Celle-ci, effectivement, fleurira à la fin du XIXe et au début du XXe siècle. Elle se prolonge encore aujourd'hui en France, par exemple à Paray-le-Monial, par le biais notamment de sessions spirituelles où la miséricorde du Cœur de Jésus est bien mise en valeur.

Effort pratique de conversion pour le 5e jour de la neuvaine

Pour réparer les « mépris » faits à la croix du Christ, si notre état physique le permet et que nous sommes dans un lieu solitaire, nous prierons les trois invocations mariales de la médaille les bras en croix. De plus, à la fin de la dizaine clôturant ce jour de neuvaine, nous embrasserons avec ferveur la croix de notre chapelet.

Prières de la neuvaine

Ô Vierge Immaculée...
Notre Dame de la Médaille miracu-
leuse...
(cf. 1er jour de la neuvaine).

On conclut par la récitation de l'invocation de la Médaille (3 fois), suivie d'une dizaine de chapelet médité et du Gloire à Dieu.

Sixième jour

Rappel historique

Après environ deux heures d'échange, la Vierge se lève, prend congé et repart sur la droite, comme elle était venue. Catherine, qui était agenouillée, se lève à son tour et voit son ange un peu en retrait qui lui confirme : « Elle est partie. » Ils reprennent alors ensemble le trajet du retour. Revenue dans son lit, la jeune religieuse entend sonner deux heures du matin. Quelques jours plus tard, elle racontera tous ces événements à son confesseur qui n'y verra pour l'heure qu'illusions d'une imagination fertile.

Méditation du 6ᵉ jour de la neuvaine

Ne blâmons pas trop vite la prudence du confesseur de la jeune Sœur Catherine. Somme toute, il ne faisait là que mettre en pratique les directives d'une spécialiste de la vie intérieure, sainte Thérèse d'Avila. Celle-ci avait en effet énoncé les conseils suivants trois siècles plus tôt : « Il est toujours bon de se défier (d'un cas mystique) jusqu'à ce qu'on soit bien assuré de l'esprit qui opère. C'est pourquoi, au début, il est toujours meilleur de faire opposition. Mais en évitant de trop contraindre l'âme, car elle ne peut rien à ce qui lui arrive » (*Château de l'âme*, 6ᵉ demeure, ch. 3). **On notera que, dans cette affaire, Catherine a d'abord obéi à la Vierge et qu'à présent, elle s'en remet totalement à l'autorité ecclésiastique.**

Effort pratique de conversion pour le 6ᵉ jour de la neuvaine

À l'exemple de Marie et Joseph à Nazareth, et de Catherine Labouré dans son couvent parisien, sachons cultiver les vertus de silence, de discrétion, d'obéissance et de service.

Prières de la neuvaine

Ô Vierge Immaculée...
Notre Dame de la Médaille miracu-
leuse...

(cf. 1er jour de la neuvaine).

On conclut par la récitation de l'invocation de la Médaille (3 fois), suivie d'une dizaine de chapelet médité et du Gloire à Dieu.

Septième jour

Rappel historique

Le samedi 27 novembre de la même année 1830, Catherine Labouré fait son oraison à la chapelle, avec toute la communauté rassemblée. Il est 17 h 30. Tout à coup, la jeune Sœur voit apparaître sur le bas-côté droit comme un tableau qui représente la Vierge debout, tendant les bras, un serpent sous ses pieds. Elle est vêtue d'une robe de soie blanche qui descend très bas, mais sans recouvrir les pieds qui sont nus. À chaque doigt, elle porte une pierre précieuse d'où jaillissent des rayons qui symbolisent les grâces qu'elle obtient à l'humanité. Certaines des pierres ne donnent aucun rayon : ce sont les grâces que les fidèles oublient de

demander à Dieu. Autour du tableau, Catherine déchiffre cette inscription : « Ô Marie, conçue sans péché, priez pour nous qui avons recours à vous ».

Méditation du 7ᵉ jour de la neuvaine

Les rayons absents sont en fait très parlants. Sœur Catherine s'en expliquera plus tard : « On demande trop au bon Dieu ce qu'on désire, et pas assez ce que Lui veut ! » Déjà l'apôtre saint Jacques avait averti les premiers chrétiens : « Vous n'êtes pas exaucés, parce que vous demandez mal » (Jc 4, 3). Quelles grâces oublions-nous donc de demander à Dieu ? Généralement, toutes celles qui exigent le passage par la croix : le sacrifice de désirs naturels légitimes, l'amour du prochain poussé jusqu'à l'oubli de soi et de nos intérêts propres.

Effort pratique de conversion pour le 7ᵉ jour de la neuvaine

Prenons quelques minutes pour méditer sur les deux images proposées par la médaille (avers et envers). On pourra mettre l'image du recto en relation avec le texte de l'Apocalypse (12, 1) qui décrit l'apparition de la Mère du futur Roi des nations sous les traits d'une femme nimbée de soleil, la lune sous les pieds et la tête couronnée de douze étoiles.

Prières de la neuvaine

Ô Vierge Immaculée...
Notre Dame de la Médaille miraculeuse...

(cf. 1er jour de la neuvaine).

On conclut par la récitation de l'invocation de la Médaille (3 fois), suivie d'une dizaine de chapelet médité et du Gloire à Dieu.

Huitième jour

Rappel historique

Pendant sa vision dite « de la médaille » du 27 novembre 1830, Sœur Catherine voit bientôt le tableau se retourner. Sur le revers, elle distingue la lettre M surmontée d'une petite croix et, au bas, les cœurs de Jésus et de Marie. Une voix lui déclare alors : « Il faut faire frapper une médaille sur ce modèle. Les personnes qui la porteront bénie et qui feront avec piété cette courte prière, jouiront d'une protection toute spéciale de la Mère de Dieu. »

Méditation du 8ᵉ jour de la neuvaine

La lettre M sur le revers de la médaille représente Marie et la croix qui la surmonte, Jésus crucifié sauvant le monde. Marie est ainsi, par son union à Jésus, comme la pierre d'autel sur laquelle il s'immole : mystère de foi marqué de la croix, mais aussi de l'Eucharistie. Pour éviter d'y voir un quelconque dolorisme, un autre symbole est donné juste en dessous pour exprimer visuellement que ce mystère central du salut est fondamentalement un mystère d'amour et de miséricorde. Et ce sont les deux cœurs tout proches de Jésus et Marie. Les douze étoiles furent rajoutées sur le revers par le bijoutier Vachette, mais, à l'origine, elles entouraient directement la tête de la Vierge sur l'avers de la médaille, faisant encore davantage ressembler celle-ci à la Femme enceinte couronnée de l'Apocalypse (12, 1). Traditionnellement, ces étoiles symbolisent le monde angélique, dont Marie est la Reine, mais aussi les douze tribus de Jacob, symboles de l'Israël fidèle et de l'Église sainte. Autrement dit, ces étoiles représentent l'ensemble de la création rassemblée et illuminée par la

grâce divine. Il s'agit donc bien d'un discret rappel du Ciel, notre vraie patrie.
L'abbé René Laurentin a fort bien résumé
les choses en écrivant : « La médaille est
une bible des pauvres, une icône, le signe
d'une présence, celle de Marie dans la
communion des saints, dans la lumière
du Christ, à l'ombre de la croix, sous le
signe de l'Amour » (*Vie de Catherine Labouré*,
DDB, 1980, p. 80).

*Effort pratique de conversion pour le 8ᵉ jour de la neu-
vaine*

Relisons le chapitre 12 de l'Apocalypse à la lumière des images de la
médaille. Si l'occasion s'en présente et
avec discrétion, faisons-nous les apôtres
de la médaille en rappelant la promesse
de protection de la Vierge pour ceux qui
la portent « avec piété », l'invocation à
réciter chaque jour et les différents symboles qu'elle porte et qui résument
des éléments fondamentaux de la foi
chrétienne.

Prières de la neuvaine

Ô Vierge Immaculée...
Notre Dame de la Médaille miraculeuse...

(cf. 1er jour de la neuvaine).

On conclut par la récitation de l'invocation de la Médaille (3 fois), suivie d'une dizaine de chapelet médité et du Gloire à Dieu.

Neuvième jour

Rappel historique

Toujours au cours de sa vision du 27 novembre 1830, pendant l'oraison de fin d'après-midi à la chapelle, Catherine voit soudain la Vierge tenant dans ses mains, à hauteur de la poitrine, une boule, une sorte de globe terrestre surmonté d'une petite croix. Les yeux tournés vers le ciel, Marie semble prier et offrir le monde. De ses mains sort une vive lumière qui éclaire puissamment la sphère. Maintenant, la Vierge regarde le globe avec une grande tendresse maternelle. Et une voix se fait entendre : « Cette boule représente le monde entier, particulièrement la France et chaque personne en particulier. »

Méditation du 9e jour de la neuvaine

Le saint abbé J. Lamy (1853-1931), curé de la Courneuve en 1906, fit un jour

cette remarque qui souligne le contexte miséricordieux de la vision de la Vierge au globe manifestée à Catherine Labouré : « Marie est tellement pleine de miséricorde qu'elle disait à un pauvre homme (le Père Lamy lui-même) : "Si Dieu, dans sa colère, brisait le monde, je lui en rapporterais les morceaux." »

Effort pratique de conversion pour le 9ᵉ jour de la neuvaine

Sachons parfois, comme Marie, gestuer notre prière. Si nous sommes seuls dans notre chambre, « après avoir fermé la porte » (Mt 6, 6), prenons en main la photo ou l'image de la personne ou des personnes pour lesquelles nous voulons prier. Comme la Vierge, élevons cette image vers notre cœur les yeux tournés vers le ciel et prions avec confiance : « Mon Dieu, en union avec les saints cœurs de Jésus et de Marie, je t'offre et te confie un tel ou une telle : que ta sainte volonté d'amour s'accomplisse parfaitement en cette âme que tu aimes ! Amen. »

Prières de la neuvaine

Ô Vierge Immaculée...
Notre Dame de la Médaille miraculeuse...

(cf. 1er jour de la neuvaine).

On conclut par la récitation de l'invocation de la Médaille (3 fois), suivie d'une dizaine de chapelet médité et du Gloire à Dieu.

Notre-Dame qui défait les nœuds

6

Neuvaine à Notre Dame qui défait les nœuds – pour être libéré de liens mortifiants –

Un peu d'histoire

Dans l'église romane (en grande partie reconstruite) de Saint Peter-am-Perlach à Augsbourg en Allemagne, se trouve un autel à l'origine dédié à Notre Dame du Bon Conseil. Cet autel fut offert en 1700 par le prévôt Jérôme-Ambroise Langenmantel (1666-1709) « pour raisons familiales ». À cette occasion, il commanda un tableau représentant la Vierge Marie au peintre Johann-Melchior Schmidter (1625-1705). Celui-ci fut mis au courant de l'intention qui présidait à ce don : il s'agissait d'évoquer la grâce d'une réconciliation conjugale inespérée obtenue à la suite d'une neuvaine prolongée à la Vierge Marie invoquée sous le titre de Mère Trois Fois

Admirable (en tant que « Fille du Père, Mère du Fils et Épouse de l'Esprit Saint »). Les conjoints dont il s'agit, Wolfgang Langenmantel et Sophie Imhoff, s'étaient mariés religieusement en 1612 et avaient envisagé de se séparer quelque temps après, vu la complexité des « nœuds » apparus sur leur ruban conjugal (allusion au rite nuptial des mains des époux attachées ensemble par un ruban blanc). Wolfgang s'en était ouvert au Père Jakob Rem, un saint jésuite d'Ingolstadt, lequel s'était mis sans retard à invoquer la Vierge Marie, Mère à divers titres. Wolfgang ne manqua pas de se joindre à cette ardente supplication, suivant ainsi un conseil du Christ lui-même : « Si deux d'entre vous unissent leur voix pour demander quoi que ce soit, cela leur sera accordé par mon Père des cieux » (Mt 18, 19). Après vingt-huit jours, les nœuds en question commencèrent à disparaî- tre les uns après les autres. Lorsque toutes les grosses difficultés furent enfin résolues, le Père Rem solennisa la réconciliation par un acte sym- bolique : il prit un ruban matrimonial où des nœuds avaient été faits et, devant les époux récon- ciliés et une image de la Vierge, il les dénoua, puis repassa le ruban qui redevint comme neuf, et même plus immaculé qu'auparavant. C'est cet heureux événement, ayant permis une descen- dance, que Hieronymus Langenmantel souhaitait voir évoqué par le tableau du peintre Schmidter (peinture de 1,10 × 1,88 m). Celui-ci représente donc la Vierge Marie tenant dans ses mains le fameux ruban nuptial dont elle est en train de défaire les nœuds. Cette image, et surtout la dévotion qui s'y rattache, s'est largement répandue, depuis une trentaine d'années, notamment grâce au zèle éclairé de Mario H. Ibertis Rivera, puis, plus récemment encore, de Denis et Suzel Frem-Bourgerie (au Brésil). Il existe déjà quelques prières et neuvaines à « Marie qui défait les nœuds », approuvées par l'autorité ecclésiastique et certainement toutes agréables à Dieu. Nous ne voulons pas répéter ce qui existe déjà et qui remplit un réel service auprès des souffrants. Nous souhaitons seulement compléter ce qui peut l'être à la lumière de l'Écriture et de la Tradition chrétienne.

L'idée qui présidera à la toute nouvelle neuvaine que nous proposons ci-après est que Marie ne défait pas les nœuds qui nous emprisonnent sans notre courageuse coopération personnelle à tous niveaux. Il serait, par exemple, inutile de lui demander d'être libéré d'une dépendance invincible à l'alcool tout en conservant à portée de main la moindre goutte de ce qui, du moins pour nous, est un poison. C'est le moment de nous rappeler la sagesse populaire qui énonce : « Aide-toi et le Ciel t'aidera ! ».

Intentions principales de la neuvaine

Cette neuvaine sera principalement priée par les croyants sollicitant de Dieu une délivrance « difficile », celle d'un lien mortifiant, voire mortel au plan spirituel et/ou temporel. Chaque jour sera proposé un « nœud » particulier pouvant être mis en relation avec un titre précis de Notre Dame, titre évoquant la grâce qu'elle peut nous obtenir pour délier le nœud en question. Certes, on aurait pu faire un autre choix, mais celui que nous proposons tient compte des grands axes relationnels et spirituels de toute vie humaine. De ce fait, tout problème personnel ou communautaire devrait pouvoir y trouver sa place. Enfin, et ce n'est pas la moindre originalité de cette neuvaine, à chacune de ces évocations sera également citée l'Écriture qui, comme l'atteste saint Paul, est porteuse du « glaive de l'Esprit » (Ep 6, 17).

Quand faire la neuvaine

On pourra choisir toute fête mariale proche dans le calendrier (surtout le 15 août, le 8 septembre, le 15 septembre, le 8 décembre). On peut aussi commencer la neuvaine n'importe quel vendredi pour l'achever neuf jours plus tard, un samedi, jour liturgiquement consacré à la Vierge.

S'il n'y a aucun empêchement canonique, on se confessera durant l'un des neuf jours. On communiera alors au moins le dernier jour en offrant à Dieu les intentions de la neuvaine.

Premier jour

Intention du jour

Ô Marie, Mère du bel amour, venez nous aider à délier tout *nœud de haine* envers notre prochain ! Amen.

Enseignement de l'Écriture

« Je suis la mère du bel amour, du respect de Dieu et de la connaissance, et aussi de la sainte espérance. »

Si 24, 18

Méditation du 1ᵉʳ jour de la neuvaine

Si « Dieu est amour » (1 Jn 4, 16) **et que toute créature humaine est faite « à son image »** (Gn 1, 27), **il doit se cacher au fond de chacune d'elles une source de bonté et de pardon. Mais cette source peut être si profondément enfouie qu'elle n'apparaît aux proches que sous forme d'un mince filet d'eau à peine visible. Ce qui alors s'impose généralement à l'entourage,**

c'est plutôt la haine, l'antipathie, la méchanceté. Et cette haine provoque souvent des réactions de même nature, ce qui fait que le nœud devient comme indénouable. Demandons aujourd'hui à Marie d'intervenir comme à Cana pour que Jésus transforme l'eau de cette haine en vin d'amour.

Effort pratique de conversion pour le 1ᵉʳ jour de la neuvaine

Jésus a demandé que l'on aime ses ennemis et que l'on prie pour ses persécuteurs (Mt 5, 44). Commençons donc par leur pardonner dans notre cœur (cela peut être aussi à soi-même, car l'on peut se détester). Si nous n'y parvenons pas, disons au moins : « Seigneur, moi je n'y arrive pas encore, mais Toi, pardonne-lui et fais-lui le bien que je n'arrive pas à lui faire, car sa haine (ou ma haine) me paralyse ! »

Prières de la neuvaine

Ô Mère du bel amour, vous qui défaites les nœuds, nous venons vers vous, gémissant et pleurant, car notre vie est terriblement nouée, douloureuse, fermée à tout espoir humain. Ayez pitié de nous, voyez ce nœud qui nous torture (le nommer ici) **et implorez pour nous de votre Fils une grâce de salut et de paix, car à vous, Il ne peut rien refuser.**

Qu'il ne nous advienne cependant que ce qu'Il préfère, car, comme vous et avec vous, nous voulons L'aimer plus que nous-mêmes. Amen.

Puis on récite les litanies suivantes qui incorporent quelques nouveaux titres décernés à Marie par le Concile Vatican II :

Seigneur, prends pitié.
Ô Christ, prends pitié.
Seigneur, prends pitié.

Sainte Marie, priez pour nous.
Sainte Mère de Dieu, priez pour nous.
Sainte Vierge des vierges, priez pour nous.

Mère de Jésus, priez pour nous.
Mère du Christ, priez pour nous.
Mère du Sauveur, priez pour nous.
Mère du Seigneur, priez pour nous.
Mère conçue sans péché, priez pour nous.
Mère très pure, priez pour nous.
Mère très chaste, priez pour nous.
Mère digne d'amour, priez pour nous.

Mère admirable, priez pour nous.
Mère du bel amour, priez pour nous.
Mère de miséricorde, priez pour nous.
Mère de l'espérance, priez pour nous.
Mère de l'Église, priez pour nous.
Mère de tous les hommes, priez pour
nous.
Mère bénie entre les mères, priez pour
nous.

Vierge comblée de grâce, priez pour
nous.
Vierge très sainte, priez pour nous.
Vierge très humble, priez pour nous.
Vierge très pauvre, priez pour nous.
Vierge très croyante, priez pour nous.
Vierge très obéissante, priez pour
nous.
Vierge très priante, priez pour nous.
Vierge très prudente, priez pour nous.
Vierge très fidèle, priez pour nous.
Vierge souffrante, priez pour nous.
Vierge exultante, priez pour nous.
Vierge pleine de bonté, priez pour
nous.
Vierge bénie entre les vierges, priez
pour nous.

Ève nouvelle, priez pour nous.
Fille de Sion, priez pour nous.

Héritière de la promesse, priez pour
nous.
Servante du Seigneur, priez pour nous.
Arche d'alliance, priez pour nous.
Cité de Dieu, priez pour nous.
Demeure de la Sagesse, priez pour
nous.
Temple du Saint-Esprit, priez pour
nous.
Maison comblée de gloire, priez pour
nous.
Maison d'or, priez pour nous.
Rose mystique, priez pour nous.
Tour de David, priez pour nous.
Tour d'ivoire, priez pour nous.
Étoile du matin, priez pour nous.
Porte du ciel, priez pour nous.
Splendeur du monde, priez pour nous.
Femme bénie entre les femmes, priez
pour nous.

Médiatrice de grâce, priez pour nous.
Dispensatrice de paix, priez pour
nous.
Soutien des consacrés, priez pour
nous.
Modèle des épouses, priez pour nous.
Secours des chrétiens, priez pour
nous.

**Consolatrice des affligés, priez pour
nous.**

**Avocate des opprimés, priez pour
nous.**

Santé des malades, priez pour nous.

Refuge des pécheurs, priez pour nous.

Cause de notre joie, priez pour nous.

**Notre Dame du Bon Conseil, priez
pour nous.**

**Notre Dame des Sept Douleurs, priez
pour nous.**

**Notre Dame de Lourdes, priez pour
nous.**

**Notre Dame du Mont Carmel, priez
pour nous.**

**Notre Dame du saint Rosaire, priez
pour nous.**

**Notre Dame de la paix, priez pour
nous.**

Reine élevée au ciel, priez pour nous.

Reine des anges, priez pour nous.

Reine des archanges, priez pour nous.

**Reine des patriarches, priez pour
nous.**

Reine des prophètes, priez pour nous.

Reine des apôtres, priez pour nous.

Reine des martyrs, priez pour nous.

Reine des confesseurs, priez pour
nous.
Reine des pasteurs, priez pour nous.
Reine des missionnaires, priez pour
nous.
Reine des docteurs, priez pour nous.
Reine des vierges, priez pour nous.
Reine des consacrés, priez pour nous.
Reine des fidèles, priez pour nous.
Reine des pauvres, priez pour nous.
Reine des affligés, priez pour nous.
Reine de tous les saints, priez pour
nous.
Reine du monde à venir, priez pour
nous.

Agneau de Dieu, qui enlèves les péchés
du monde,
pardonne-nous, Seigneur.
Agneau de Dieu, qui enlèves les péchés
du monde,
exauce-nous, Seigneur.
Agneau de Dieu, qui enlèves les péchés
du monde,
aie pitié de nous, Seigneur.

PRIONS : Seigneur Jésus, nous venons
de contempler les merveilles dont tu as
enrichi Marie, ta Mère que tu nous as
donnée. Accorde-nous maintenant, par

son intercession, de vivre dans une grande fidélité à ton Esprit Saint et d'avoir part un jour, avec elle et ton Église, au bonheur éternel. Amen.

On conclut par la méditation d'une dizaine de chapelet et le Gloire à Dieu.

Deuxième jour

Intention du jour

Ô Marie, Vierge très croyante, venez nous aider à délier tout *nœud d'incrédulité* envers Dieu et envers notre prochain ! Amen.

Enseignement de l'Écriture

« Élisabeth dit à Marie : "...Bienheureuse toi qui as cru en l'accomplissement de ce qui te fut dit de la part du Seigneur !" »

Lc 1, 45

Méditation du 2ᵉ jour de la neuvaine

Certes, « Dieu est lumière » (1 Jn 1, 5), mais nos yeux terrestres ne peuvent pas percevoir sa clarté « inaccessible » (1 Tm 6, 16). Nous n'avons pour le moment que les yeux de notre foi pour voir l'invisible. Or cette foi elle-même peut s'assombrir, au point de nous amener à reconnaître comme sainte Thérèse de l'Enfant-Jésus : « C'est le raisonnement des pires matérialistes qui s'impose à mon esprit… On dirait que (le bon Dieu) veut me faire accroire qu'il n'y a pas de Ciel ! » (Notes CJ 10.8.7 ; CJ 15.8.7). Ce doute lancinant sur la réalité de Dieu et de son amour peut aussi se vivre à hauteur d'homme, quand il nous arrive de douter de l'amour véritable d'un conjoint, d'un parent, d'un vieil ami. Confions ce nœud d'incrédulité à Marie, elle qui a toujours cru, même dans la nuit du Golgotha et du Samedi saint.

Effort pratique de conversion pour le 2ᵉ jour de la neuvaine

Faisons nôtre cette prière d'un père de famille qui confiait son enfant malade à Jésus : « Seigneur, je crois, mais viens au secours de mon incrédulité ! » (Mc 9, 23). Peut-être pourrions-nous aujourd'hui nous inspirer de l'exemple de sainte Thérèse de l'Enfant-Jésus qui tâchait de combattre ses doutes par des actes de foi volontaires, ce qui la faisait dire : « Je chante simplement ce que je veux croire » (MsC, 7v°).

Prières de la neuvaine

Ô Vierge très croyante, vous qui défaites les nœuds, nous venons vers vous, gémissant et pleurant, car notre vie est terriblement nouée, douloureuse, fermée à tout espoir humain. Ayez pitié de nous, voyez ce nœud qui nous torture (le nommer ici) **et implorez pour nous de votre Fils une grâce de salut et de paix, car à vous, Il ne peut rien refuser.**

Qu'il ne nous advienne cependant que ce qu'Il préfère, car, comme vous et avec vous, nous voulons L'aimer plus que nous-mêmes. Amen.

Puis on récite les litanies de Notre Dame (cf. 1er jour de la neuvaine).

On conclut par la méditation d'une dizaine de chapelet et le Gloire à Dieu.

Troisième jour

Intention du jour

Ô Marie, Mère de l'espérance,
venez nous aider à délier tout *nœud de désespoir* envers Dieu et envers notre prochain ! Amen.

Enseignement de l'Écriture

« Au pied de la croix de Jésus, debout se tenait sa mère… »

Jn 19, 25

Méditation du 3e jour de la neuvaine

Il est parfois des moments dans la vie où la foi et l'amour semblent se refroidir. Une forme mortelle de lassitude s'infiltre alors partout dans nos pensées, nos actions quotidiennes, et même nos rêves qui deviennent des cauchemars. Nous nous mettons à désespérer de tout, y compris de Dieu et de nous-même. Confions vite ce dangereux nœud à Marie, elle qui a toujours espéré, même quand son Fils semblait rejeter sa médiation de charité : « Femme, que nous importe cela ? », mais Marie, poussée par l'Esprit, insista pleine d'espérance : « Faites tout ce qu'il vous dira ! » (Jn 2, 4-5). Et elle obtint le miracle de l'eau changée en vin.

Effort pratique de conversion pour le 3e jour de la neuvaine

Peut-être pourrions-nous aujourd'hui encore nous inspirer de l'exemple de sainte Thérèse de l'Enfant-Jésus qui tâchait de combattre ses tentations de désespoir en répétant comme Job : « Même si Dieu me tuait, j'espèrerais en lui. » (Jb 13, 15), d'où ce constat tout à fait juste de sa part : « Ma folie à moi, c'est d'espérer ! » (MsB 5v°).

Prières de la neuvaine

Ô Mère de l'espérance, vous qui défaites les nœuds, nous venons vers vous, gémissant et pleurant, car notre vie est terriblement nouée, douloureuse, fermée à tout espoir humain. Ayez pitié de nous, voyez ce nœud qui nous torture (le nommer ici) et implorez pour nous de votre Fils une grâce de salut et de paix, car à vous, Il ne peut rien refuser.

Qu'il ne nous advienne cependant que ce qu'Il préfère, car, comme vous et avec vous, nous voulons L'aimer plus que nous-mêmes. Amen.

Puis on récite les litanies de Notre Dame (cf. 1er jour de la neuvaine).

On conclut par la méditation d'une dizaine de chapelet et le Gloire à Dieu.

Quatrième jour

Intention du jour

Ô Marie, Vierge très humble,
venez nous aider à délier tout *nœud
d'orgueil* envers Dieu et envers notre prochain ! Amen.

Enseignement de l'Écriture

« Marie dit à Élisabeth : "... Dieu mon
Sauveur, a jeté les yeux sur son humble
servante !" »

Lc 1, 47-48

Méditation du 4ᵉ jour de la neuvaine

En réponse à l'ange Gabriel venu la
visiter, Marie s'était déjà présentée
comme « la servante du Seigneur » (Lc 1, 38).
Plus tard, son Fils dira qu'il est « doux et
humble de cœur » (Mt 11, 29) et qu'il est au
milieu des hommes « comme celui qui
sert » (Lc 22, 27). L'âme humble n'ignore pas
le bien qu'elle fait, mais le rapporte à Dieu
seul. L'âme orgueilleuse, au contraire, ne
se reçoit pas d'un autre, mais veut n'être
que par elle-même et s'approprie pour
elle seule tout le bien qu'elle est et qu'elle
fait. Souvent, l'excellence de ses dons

naturels éteint ses dons surnaturels, ce qui entraîne une attitude impériale avec autrui. L'autre n'est plus que le marche-pied insignifiant d'un moi hypertrophié et totalitaire. Le nœud de l'orgueil est profondément destructeur de soi comme de l'autre. On ne peut le délier que par l'attention à ses propres fautes et en s'abaissant pour servir les petits en toutes circonstances, par amour de l'Amour.

Effort pratique de conversion pour le 4ᵉ jour de la neuvaine

L'humilité est d'abord le courage de la vérité sur soi-même. Pratiquons régulièrement, au moins une fois par semaine, l'examen de conscience pour discerner nos refus d'aimer et de servir. Profitons-en pour nous confesser. Si l'orgueil touche un proche, confions-le à son ange gardien et prions l'humble servante du Seigneur d'éclairer son esprit blessé tout en nous protégeant nous-mêmes.

Prières de la neuvaine

Ô Vierge très humble, vous qui défaites les nœuds, nous venons vers vous, gémissant et pleurant, car notre vie est terriblement nouée, douloureuse, fermée à tout espoir humain. Ayez pitié de nous, voyez ce nœud qui nous torture (le nommer ici) et implorez pour nous de votre Fils une grâce de salut et de paix, car à vous, Il ne peut rien refuser.

Qu'il ne nous advienne cependant que ce qu'Il préfère, car, comme vous et avec vous, nous voulons L'aimer plus que nous-mêmes. Amen.

Puis on récite les litanies de Notre Dame (cf. 1ᵉʳ jour de la neuvaine).

On conclut par la méditation d'une dizaine de chapelet et le Gloire à Dieu.

Cinquième jour

Intention du jour

Ô Marie, Temple du Saint-Esprit, venez nous aider à délier tout *nœud de mensonge* envers Dieu, le prochain et nous-même ! Amen.

Enseignement de l'Écriture

« J'ai reçu toute grâce pour montrer le chemin et la vérité. »

Si 24, 18

« L'ange dit à Marie : "L'Esprit Saint viendra sur toi et la puissance du Très-Haut te couvrira de son ombre." »

Lc 1, 35

Méditation du 5ᵉ jour de la neuvaine

Le diable, dit Jésus, est « le père du mensonge » (Jn 8, 44)**, et tout menteur invétéré se place donc sans le savoir sous son influence. Le mensonge, qui donne souvent la main à l'orgueil, est profondément destructeur de tout lien humain authentique et responsable. Tout devient faux ou dévié, et l'on ne peut plus bâtir sur le long terme. Le mensonge fait fuir l'Esprit Saint et installe l'âme dans une forme d'impureté spirituelle subtile. La conscience du menteur devient fausse comme l'aiguille d'une boussole dominée par un champ magnétique accidentel. Ce nœud ne se délie pas aisément, car les mauvais plis ne s'effacent pas d'un coup. Il y faut beaucoup d'effort, de patience, de pénitence intelligente, de culte du silence et d'humble prière (par exemple, le chapelet médité). Marie, Temple du Saint-Esprit, nous aidera si nous le lui demandons et si nous suivons fidèlement**

les inspirations de son divin Époux, l'Esprit de vérité.

Effort pratique de conversion pour le 5ᵉ jour de la neuvaine

Mieux vaut le silence que le mensonge, ou une parole vraie incomplète qu'une parole complète mensongère. Le mensonge est un virus spirituel pouvant entraîner de grands dommages. Si nous nous surprenons à mentir, rectifions aussitôt dans le sens de la réalité tout en préservant le respect des personnes et la charité.

Prières de la neuvaine

Ô Marie, Temple du Saint-Esprit, vous qui défaites les nœuds, nous venons vers vous, gémissant et pleurant, car notre vie est terriblement nouée, douloureuse, fermée à tout espoir humain. Ayez pitié de nous, voyez ce nœud qui nous torture (le nommer ici) et implorez pour nous de votre Fils une grâce de salut et de paix, car à vous, Il ne peut rien refuser.

Qu'il ne nous advienne cependant que ce qu'Il préfère, car, comme vous et avec vous, nous voulons L'aimer plus que nous-mêmes. Amen.

Puis on récite les litanies de Notre Dame (cf. 1ᵉʳ jour de la neuvaine).

On conclut par la méditation d'une dizaine de chapelet et le Gloire à Dieu.

Sixième jour

Intention du jour

Ô Marie, Vierge pleine de bonté, venez nous aider à délier tout *nœud d'égoïsme* en nous et chez les autres ! Amen.

Enseignement de l'Écriture

« Voyez : ce n'est pas seulement pour moi que je travaille, mais pour tous ceux qui cherchent la Sagesse ! »

Si 24, 34

« La mère de Jésus lui dit : "Ils n'ont pas de vin !" »

Jn 2, 3

Méditation du 6ᵉ jour de la neuvaine

L'égoïste recherche son seul intérêt, non celui du prochain, et encore moins celui de Dieu. Dans les derniers jours,

prévient saint Paul, « les hommes seront égoïstes, cupides… ayant les apparences de la piété, mais reniant ce qui en fait la force » (2 Tm 3, 1-5). En fait, l'égoïste n'est attentif aux autres que pour en tirer le maximum de profit. Il est serviteur, mais uniquement de lui-même. Il fait preuve d'un souci exagéré de soi, comme s'il était un soleil autour duquel devaient tourner à son service toutes les planètes. L'égoïsme est un nœud très fréquent dans ce monde qui privilégie l'instant sur l'éternité, le plaisir à la joie, l'accaparement des biens au juste partage. Demandons à celle qui est toute attentive à nos besoins vitaux, de nous aider à sortir de notre moi hypertrophié pour aller humblement vers les autres et le Tout-Autre.

Effort pratique de conversion pour le 6ᵉ jour de la neuvaine

L'égoïsme ne se combat pas directement. Sa défaite la plus sûre vient d'un coup de foudre spirituel. L'amour de soi ne peut céder qu'à un autre amour plus fort, plus doux, plus libérateur. Il s'agit de l'instant de la *conversion*, de la rencontre avec le Christ. Lui seul peut dire : « Si quelqu'un veut venir à ma suite, qu'il renonce chaque jour à lui-même, qu'il prenne sa croix et me suive. » (Lc 9, 23). Marie, qui est toute donnée à ses enfants, nous aidera à marcher ainsi hors des faux amours et vers le seul qui vaille.

Prières de la neuvaine

Ô Vierge pleine de bonté, vous qui défaites les nœuds, nous venons vers vous, gémissant et pleurant, car notre vie est terriblement nouée, douloureuse, fermée à tout espoir humain. Ayez pitié de nous, voyez ce nœud qui nous torture (le nommer ici) et implorez pour nous de votre Fils une grâce de salut et de paix, car à vous, Il ne peut rien refuser.

Qu'il ne nous advienne cependant que ce qu'Il préfère, car, comme vous et avec vous, nous voulons L'aimer plus que nous-mêmes. Amen.

Puis on récite les litanies de Notre Dame (cf. 1er jour de la neuvaine).

On conclut par la méditation d'une dizaine de chapelet et le Gloire à Dieu.

Septième jour

Intention du jour

Ô Marie, Avocate des opprimés,
venez nous aider à délier tout *nœud de dépendance aliénante* envers des personnes dangereuses ou des substances nuisibles ! Amen.

Enseignement de l'Écriture

« Quelle est celle-ci qui monte du désert, soutenue par son Bien-Aimé ?... Elle belle comme la lune, éclatante comme le soleil, puissante comme une armée. »

Ct 8, 5 ; 6, 10

« Élisabeth dit à Marie : "... Et comment m'est-il donné que la Mère de mon Seigneur vienne jusqu'à moi ?" »

Lc 1, 43

Méditation du 7ᵉ jour de la neuvaine

Il existe des personnes qui rayonnent non la paix et la lumière, mais le trouble, le doute, le soupçon sur toute chose bonne et saine. S'attacher étroitement à de telles personnes, sauf grâce particulière (comme celle du mariage sacramentel), risque d'entraîner de graves désordres et peines. Si l'on s'est lié à un tel enfant de ténèbres, l'attitude la plus évangélique est d'interposer entre lui et nous la Parole libératrice de Dieu (cf. Jésus tenté au désert), puis le silence priant et le retrait prudent. Quand le nœud qui nous aliène est une substance toxique (drogue, alcool, tabac) ou symbolique d'une quelconque puissance (argent, plaisirs, honneurs), il faut user de courage et d'intelligence comme pour une mini-guerre. Dieu ne nous demande pas de tuer notre corps ni notre joie de vivre, mais notre volonté propre ; il ne veut pas que nous nous maîtrisions à force d'ascétisme, mais que nous nous donnions sans retenue à son Esprit qui est à la fois toute douceur et toute force.

Effort pratique de conversion pour le 7ᵉ jour de la neuvaine

Certains nœuds qui nous bloquent sont des esclavages tellement ancrés qu'ils nous semblent indestructibles. C'est le moment de nous rappeler la parole de Jésus à ses disciples : « Ce qui est impossible aux hommes est possible à Dieu » (Lc 18, 27). Il était humainement impossible que Pierre marche sur les eaux d'un lac démonté, mais, confiant dans la parole de Jésus qui l'appelait, il le fit réellement. Il ne commença à s'enfoncer dans l'eau qu'à l'instant où, cessant de regarder son Seigneur, il se mit à craindre la violence du vent alentour (Mt 14, 30). N'en faisons pas autant !

Prières de la neuvaine

Ô Marie, Avocate des opprimés, vous qui défaites les nœuds, nous venons vers vous, gémissant et pleurant, car notre vie est terriblement nouée, douloureuse, fermée à tout espoir humain. Ayez pitié de nous, voyez ce nœud qui nous torture (le nommer ici) et implorez pour nous de votre Fils une grâce de salut et de paix, car à vous, Il ne peut rien refuser.

Qu'il ne nous advienne cependant que ce qu'Il préfère, car, comme vous et avec vous, nous voulons L'aimer plus que nous-mêmes. Amen.

Puis on récite les litanies de Notre Dame (cf. 1er jour de la neuvaine).

On conclut par la méditation d'une dizaine de chapelet et le Gloire à Dieu.

Huitième jour

Intention du jour

**Ô Notre Dame de la Paix,
venez nous aider à délier tout *nœud de
conflit* avec Dieu, le prochain et nous-
même ! Amen.**

Enseignement de l'Écriture

**« Le dragon diabolique se lança à la
poursuite de la Femme, la mère de l'Enfant mâle, mais elle reçut les deux ailes
du grand aigle pour voler au désert
jusqu'à un refuge. »**

Ap 12, 13-14

**« Tous persévéraient dans la prière
avec quelques femmes, dont Marie, la
mère de Jésus. »**

Ac 1, 14

**« Je vous donne ma Paix, mais non pas
comme le monde la donne. »**

Jn 14, 27

Méditation du 8ᵉ jour de la neuvaine

**Qui vit avec l'Esprit du Seigneur,
même s'il est dans la peine, connaît une
paix du cœur qui vient d'au-delà de la**

nature. Qui vit hors de ce divin Esprit est souvent sujet à toutes sortes d'inquiétudes, d'angoisses, de conflits plus ou moins violents avec l'entourage, parfois aussi avec lui-même, car l'être non unifié se sent tiré dans des directions opposées. « Le Royaume de Dieu est justice, paix et joie dans l'Esprit Saint » (Rm 14, 17) : c'est vers lui qu'il nous faut tendre de toutes nos forces et le reste nous sera donné par surcroît. Les conflits s'apaiseront quand nous les regarderons davantage du balcon de l'éternité, avec le regard du « Prince de la paix » (Is 9, 5), qui recommandait aux siens : « Aimez vos ennemis, faites du bien à ceux qui vous haïssent, bénissez ceux qui vous maudissent et priez pour ceux qui vous maltraitent ! » (Lc 6, 27-28). Agissons ainsi comme Jésus et Marie, et la Paix de Dieu se rapprochera de nous.

Effort pratique de conversion pour le 8ᵉ jour de la neuvaine

Comment dénouer les nœuds douloureux de nos conflits avec notre conjoint, nos parents, nos enfants, nos responsables et collègues de travail, nos voisins ? Regardons ce qu'ont pratiqué des saints

« de la réconciliation » comme François d'Assise et François de Sales. Ils ont usé de patience mais dans la vérité d'un dialogue soutenu, de charité mais avec le souci de sauvegarder « la tranquillité de l'ordre », de prière mais avec des sacrifices. À tout cela, ils ont ajouté une pincée d'humour et le sourire « car les saints tristes sont de tristes saints ». Marie elle-même, par exemple à Lourdes en 1858, a beaucoup plus souri que parlé. Son exemple est ô combien salutaire dans un monde bruyant et violent !

Prières de la neuvaine

Ô Notre Dame de la Paix, vous qui défaites les nœuds, nous venons vers vous, gémissant et pleurant, car notre vie est terriblement nouée, douloureuse, fermée à tout espoir humain. Ayez pitié de nous, voyez ce nœud qui nous torture (le nommer ici) et implorez pour nous de votre Fils une grâce de salut et de paix, car à vous, Il ne peut rien refuser.

Qu'il ne nous advienne cependant que ce qu'Il préfère, car, comme vous et avec vous, nous voulons L'aimer plus que nous-mêmes. Amen.

Puis on récite les litanies de Notre Dame (cf. 1er jour de la neuvaine).

On conclut par la méditation d'une dizaine de chapelet et le Gloire à Dieu.

Neuvième jour

Intention du jour

**Ô Reine des anges,
venez nous aider à délier tout *nœud d'emprise diabolique* chez nous et notre prochain ! Amen.**

Enseignement de l'Écriture

« Je mettrai une hostilité entre toi (le serpent diabolique) et la Femme, entre ta descendance et sa descendance. Elle t'écrasera la tête, et toi, tu lui meurtriras le talon. »

Gn 3, 14-15

« Furieux de dépit contre la Femme, le dragon (c'est-à-dire le diable) s'en alla guerroyer contre le reste de ses enfants. »

Ap 12, 17

Méditation du 9ᵉ jour de la neuvaine

Les nœuds qui nous entravent ne sont pas tous faits de main d'homme. L'esprit du Mal peut aussi y avoir sa part. Saint Paul nous en prévient clairement : « Nous n'avons pas à lutter uniquement contre la chair et le sang, mais... contre tous les esprits du Mal qui sont au-dessus de nous » (Ep 6, 12). Oublier cette vérité qui fait partie de l'Écriture, et notamment du Notre Père, c'est se priver d'une lumière importante pour comprendre plusieurs pages de l'Évangile et de l'histoire humaine. La Vierge elle-même y fit allusion dans son apparition du 27 novembre 1830 à sainte Catherine Labouré. Celle-ci eut la surprise de voir sous les pieds de Marie les mouvements inquiétants d'un énorme serpent dont la tête semblait vouloir lui mordre le talon (cf. Gn 3, 15 & Ap 12, 9). Mais rassurons-nous, la Mère des hommes est aussi la Reine de tous les esprits angéliques, les esprits ténébreux devant eux aussi s'incliner devant elle, car la puissance du Très-Haut l'habite comme une vivante Arche d'alliance (Ap 11, 19).

Effort pratique de conversion pour le 9ᵉ jour de la neuvaine

En priant tout à l'heure notre dizaine de chapelet, récitons lentement le Notre Père en insistant sur la finale : « Mais délivrenous du Mal. » Parfois aussi, avec toute la discrétion requise, faisons dire une messe aux intentions des personnes qui nous semblent sous une mauvaise influence spirituelle et accompagnons cette démarche d'un effort pénitentiel ne nuisant pas à notre santé, sachant que certains esprits mauvais ne se chassent « que par la prière et le jeûne » (Mt 17, 21 ; Mc 9, 18)**.**

Prières de la neuvaine

Ô Reine des anges, vous qui défaites les nœuds, nous venons vers vous, gémissant et pleurant, car notre vie est terriblement nouée, douloureuse, fermée à tout espoir humain. Ayez pitié de nous, voyez ce nœud qui nous torture (le nommer ici) **et implorez pour nous de votre Fils une grâce de salut et de paix, car à vous, Il ne peut rien refuser.**

Qu'il ne nous advienne cependant que ce qu'Il préfère, car, comme vous et avec vous, nous voulons L'aimer plus que nous-mêmes. Amen.

Puis on récite les litanies de Notre Dame (cf. 1er jour de la neuvaine).

On conclut par la méditation d'une dizaine de chapelet et le Gloire à Dieu.

7

Neuvaine à saint Joseph protecteur des pauvres et des affligés

Un peu d'histoire

Nous savons peu de choses sur la vie de Joseph, l'époux de Marie, charpentier de Nazareth d'origine davidique et père nourricier de Jésus. Les évangiles apocryphes ajoutent quelques touches de merveilleux à ce que décrivent sobrement les évangiles de Matthieu et de Luc. Ce qui est sûr et qui se déduit de la plupart des témoins, c'est que Joseph fut un homme juste, ami du silence, prompt à obéir à Dieu, époux et père modèle, bon ouvrier. Son nom, qui vient de l'hébreu, signifie : « Dieu ajoute », expression que l'on trouve telle quelle dans les Actes des Apôtres : « chaque jour, le *Seigneur ajoutait* à l'Église ceux qui étaient appelés au salut » (Ac 2, 47).

Le culte à saint Joseph est très ancien : on le relève dès le IXe siècle et il connut son plus grand essor au XVe siècle sous l'influence de saint Bernardin de Sienne et aussi de Jean Gerson que nous citerons plus loin. La fête du 19 mars se répandit surtout après 1480, date de son approbation par le pape Sixte IV. La fête fut rendue obligatoire pour toute l'Église latine en 1621 par le pape Grégoire XV. En 1870, Pie IX proclama saint Joseph « protecteur de l'Église universelle ». En 1955, Pie XII plaça le 1er mai sous le patronage de saint Joseph Travailleur : non seulement à Nazareth ce saint avait travaillé pour Jésus, mais il l'avait fait avec lui, dans son intimité quotidienne. Saint Joseph rappelle ainsi, par son exemple, que le travail caché, bien fait et réalisé en présence de Dieu, est une voie d'accès très sûre à une haute sainteté. Du reste, nombreux sont ceux qui pensent qu'après Marie, c'est saint Joseph qui est le plus grand saint. Sainte Thérèse d'Avila résume bien cette conception dans le texte suivant tiré de sa *Vie par elle-même* : « Il semble que le Seigneur ait confié ses grâces aux saints pour nous assister en tel ou tel besoin, mais pour ce qui est de saint Joseph, je le sais par expérience, celui-ci nous assiste en toutes nos nécessités. Notre Seigneur veut sans doute nous montrer par là qu'il exauce dans le ciel toutes les prières de celui auquel il obéissait sur la terre… Je voudrais porter tout le monde à la dévotion envers ce glorieux saint, tant j'ai d'expérience de son crédit auprès de Dieu ! » (*Vida*, ch. VI).

En mourant vraisemblablement à Nazareth, entre Jésus et Marie, Joseph fut considéré comme le modèle de tout mourant et on l'honore depuis des siècles comme le patron de la bonne mort.

Intentions principales de la neuvaine

- Pour les affligés, les éprouvés.
- Pour les couples en difficulté.
- Pour les parents en peine avec leurs enfants.
- Pour les enfants, afin qu'ils soient préservés des maux les plus graves.
- Pour les handicapés, qui n'arrivent plus à espérer.
- Pour les communautés religieuses et divers consacré(e)s, qui se sont engagé(e)s, durant leurs heures de labeur, à « prier et travailler » en silence, comme saint Joseph.
- Pour l'Église, dont saint Joseph est chronologiquement le premier protecteur.
- Pour les pauvres et les faibles, qui semblent abandonnés du ciel et de la terre.
- Pour tous les travailleurs, notamment ceux qui ploient sous le fardeau ou qui n'arrivent pas à sortir du chômage.
- Pour les grands malades et les mourants.
- Pour les âmes du purgatoire.

Quand faire la neuvaine

La fête principale de saint Joseph étant le 19 mars, on commencera la neuvaine le 11 mars. On peut également honorer la fête de « saint Joseph travailleur » le 1er mai, ce qui fait démarrer la neuvaine le 23 avril. Enfin, le mercredi étant le jour traditionnellement dédié à ce saint, on pourra débuter la neuvaine n'importe quel mardi de l'année.

Premier jour

Enseignement de l'Écriture

« La parole du Seigneur fut adressée au prophète Nathan : "Va dire à mon serviteur David cette parole du Seigneur : ... Ta maison et ta royauté subsisteront toujours devant moi ; ton trône sera stable pour toujours." »

1 S 7, 4... 16

« Jacob engendra Joseph, l'époux de Marie, de laquelle est né Jésus que l'on appelle Christ (Messie). »

Mt 1, 16

Méditation du 1ᵉʳ jour de la neuvaine

Ne croyons pas que Joseph ait été un homme quelconque, une sorte de personnage sans consistance, facilement interchangeable avec un autre. Non, c'est tout le contraire. Il fut le bel aboutissement de la lignée de David, le fleuron des patriarches, le digne frère de Joseph l'Égyptien (cf. Gn 45, 5). Il accepta de grand cœur Jésus pour fils et rédempteur, comme ce dernier accepta d'être son fils chéri et soumis, représentant visible de son Père du ciel. Puisque le Fils de Dieu a ainsi choisi et aimé Joseph, puisque la Providence du Père l'a offert à l'amour virginal de Marie, ne restons pas en arrière et avançons-nous vers ce grand saint avec pleine confiance. Confions-lui nos intérêts, nos soucis et notre désir de sanctification.

Prière de la neuvaine

Bienheureux Joseph, très sage gardien de la Sainte Famille, aidez-nous à conserver un cœur pur et généreux. De même que vous avez autrefois arraché l'Enfant Jésus à la mort, défendez-nous aujourd'hui contre les dangers qui menacent notre vie humaine et notre salut éternel. Protecteur de l'Église, accordez-nous votre puissante intercession pour nos besoins les plus urgents. Nous vous recommandons spécialement l'intention suivante : (la formuler ici).

Qu'à votre prière paternelle, le meilleur nous soit accordé pour la plus grande gloire de Jésus, votre Enfant, et du Père céleste, dont vous fûtes comme l'ombre visible sur cette terre, dans le souffle de l'Esprit Saint. Amen.

Poursuivons avec les litanies de saint Joseph

Seigneur, prends pitié de nous.
Ô Christ, prends pitié de nous.
Seigneur, prends pitié de nous.

Père saint, exauce-nous.
Fils rédempteur du monde,
    sauve-nous.
Esprit Saint, sanctifie-nous.

Joseph, digne descendant du roi
    David,
    priez pour nous.
Joseph, époux très pur et très aimé de
    Marie,
    priez pour nous.
Joseph, chef éclairé de la Sainte
    Famille,

   priez pour nous.
Joseph, modèle de tous les pères,
   priez pour nous.
Joseph, patron des travailleurs,
   priez pour nous.
Joseph, secours des croyants,
   priez pour nous.
Joseph, protecteur de l'Église
   universelle,
   priez pour nous.
Joseph, très courageux,
   priez pour nous.
Joseph, très obéissant,
   priez pour nous.
Joseph, très fidèle,
   priez pour nous.
Joseph, providence des pauvres,
   priez pour nous.
Joseph, ombre visible du Père céleste,
   priez pour nous.

Agneau de Dieu, qui enlèves
   les péchés du monde,
   pardonne-nous, Seigneur.
Agneau de Dieu, qui enlèves
   les péchés du monde,
   exauce-nous, Seigneur.
Agneau de Dieu, qui enlèves
   les péchés du monde,
   aie pitié de nous, Seigneur.

PRIONS : Seigneur, toi qui sur terre as chéri Joseph, ton père nourricier, accepte que, par son intercession, notre prière soit aujourd'hui favorablement accueillie par toi. Nous t'en prions en communion avec ton Père, dans l'Esprit Saint, à votre plus grande gloire pour les siècles des siècles. Amen.

Concluons la prière de ce jour par la méditation d'une dizaine de chapelet (choisir de préférence l'un des trois derniers Mystères joyeux où Joseph fut présent) et le Gloire à Dieu.

Deuxième jour

Enseignement de l'Écriture

« Joseph, l'époux de Marie, était un homme juste. »

Mt 1, 19

« Espérant contre toute espérance, il a cru. Il est ainsi devenu le père d'un grand nombre de peuples, selon la parole du Seigneur : "Vois ta nombreuse descendance !"…, et encore : "En raison de sa foi, Dieu estima qu'il était juste". »

Rm 4, 18… 23

Méditation du 2ᵉ jour de la neuvaine

Pour exprimer la sainteté de quelqu'un, la Bible parle volontiers de sa « justice ». Ainsi Joseph, l'époux de Marie, était saint, puisque l'Évangile déclare qu'il était juste devant Dieu (Mt 1, 19). **L'épître de Paul aux Romains médite un moment sur l'ancêtre commun des Juifs, donc sur l'ancêtre de Joseph, le patriarche Abraham. De lui aussi, il est dit qu'il fut un homme juste et que ce qui le rendit tel fut essentiellement sa foi. L'histoire connue de Joseph montre que ce fut également sa foi qui fut éprouvée : sa fiancée vierge lui revint enceinte après un séjour de trois mois chez Élisabeth. Éclairé par un ange, il sortit victorieux de cette épreuve.**

Demandons à saint Joseph de nous obtenir la foi indéfectible du juste, cette foi qui plaît à Dieu.

Prière de la neuvaine

« Bienheureux Joseph… Amen. » (cf. 1ᵉʳ jour de la neuvaine)

On poursuit par les litanies données le 1ᵉʳ jour, ainsi que par la méditation d'une dizaine

de chapelet (choisir de préférence l'un des trois
derniers Mystères joyeux où Joseph fut présent).
On termine par le Gloire à Dieu.

Troisième jour

Enseignement de l'Écriture

**« L'Ange du Seigneur apparut en songe
à Joseph et lui dit : "Joseph, fils de David,
ne crains pas de prendre chez toi Marie,
ton épouse, car l'enfant qui a été engen-
dré en elle vient de l'Esprit Saint. Elle
mettra au monde un fils, auquel tu don-
neras le nom de Jésus (c'est-à-dire 'le Seigneur sauve'), car c'est lui qui sauvera
son peuple de ses péchés."**

**… Quand Joseph se réveilla, il fit ce
que l'Ange lui avait prescrit. »**

Mt 1, 20, 24

Méditation du 3ᵉ jour de la neuvaine

**L'Ange Gabriel annonce à Joseph qu'il
est appelé à devenir le père nourricier du
Messie, que c'est par lui que l'enfant à
naître sera inséré dans la lignée royale de
David, et que c'est lui enfin qui lui décer-
nera son nom-vocation de « Jésus-
Sauveur ». Cette singulière mission ne**

fera pas moins de Marie son « épouse », bien qu'elle ait été déjà épousée surnaturellement par le Dieu Très-Haut. C'est au moment de la circoncision du petit garçon, huit jours après sa naissance, que Joseph, père légal du nouveau-né, lui « imposa son nom » devant témoin. Ceux qui se demandent quelle parole Joseph a bien pu prononcer au cours de sa vie, peuvent au moins être sûrs de celle-là : « Son nom (à cet enfant) est JÉSUS. » (en hébreu : « *Yèshoua' shemo* »). Seul le père légal pouvait formuler une telle parole solennelle.

Tâchons de prononcer le nom du Sauveur avec le même amour et le même respect que dut le faire Joseph ce jour-là au Temple.

Prière de la neuvaine

« Bienheureux Joseph... Amen. » (cf. 1er jour de la neuvaine)

On poursuit par les litanies données le 1er jour, ainsi que par la méditation d'une dizaine de chapelet (choisir de préférence l'un des trois derniers Mystères joyeux où Joseph fut présent). On termine par le Gloire à Dieu.

Quatrième jour

Enseignement de l'Écriture et de la Tradition

« Joseph et Marie portèrent l'Enfant Jésus au Temple pour y accomplir à son sujet les prescriptions de la Loi… Après que Syméon eût prophétisé sur l'Enfant, Joseph et Marie furent dans l'émerveillement de ses paroles. »

Lc 2, 27, 33

« Pourrons-nous jamais comprendre le bonheur d'un homme qu'un Dieu, montant sur ses genoux et le caressant au visage, appelait délicieusement *abba*, père ? »

Père Denis Buzy, S.C.J.

Méditation du 4ᵉ jour de la neuvaine

Comme le dira plus tard Jésus lui-même, « il convient d'accomplir toute justice » (Mt 3, 15)**, c'est-à-dire qu'il est bon de se soumettre à toute loi juste, surtout si celle-ci découle directement d'un commandement de Dieu. Joseph avait ce souci de soumettre toute sa vie à la Parole divine et, dans cette obéissance d'amour, il percevait une forme de la présence de son Dieu, l'autre forme étant incarnée devant lui par le petit Enfant Jésus qu'il**

eut souvent le bonheur de serrer dans ses bras.

Cultivons comme lui ce sens de la fidélité à la Parole : celle de l'Écriture et du Magistère, mais aussi celle qui se donne à adorer et à manger dans chaque Eucharistie.

Prière de la neuvaine

« Bienheureux Joseph… Amen. » (cf. 1er jour de la neuvaine)

On poursuit par les litanies données le 1er jour, ainsi que par la méditation d'une dizaine de chapelet (choisir de préférence l'un des trois derniers Mystères joyeux où Joseph fut présent). On termine par le Gloire à Dieu.

Cinquième jour

Enseignement de l'Écriture

« L'Ange du Seigneur apparut en songe à Joseph et lui dit : "Lève-toi, prends l'Enfant et sa Mère, fuis en Égypte et restes-y jusqu'à ce que je t'avertisse. Car Hérode va chercher à faire périr l'Enfant." Se levant alors en pleine nuit, Joseph prit l'Enfant et sa Mère, et se retira en Égypte. »

Mt 2, 13-14

« Quand Hérode mourut, l'Ange du Seigneur apparut en songe à Joseph en Égypte et l'avertit qu'il pouvait revenir dans la terre d'Israël... Joseph prit alors l'Enfant et sa Mère, se mit en route et revint au pays d'Israël. »

Mt 2, 19, 22

Méditation du 5ᵉ jour de la neuvaine

Il existe des baptisés qui ne parviennent pas à s'abandonner à la Providence divine et qui vivent dans l'angoisse d'un lendemain toujours perçu comme menaçant. Plusieurs de ceux-là souhaiteraient pouvoir soulever un coin du voile de l'avenir en décryptant les prophéties des saints, les signes des temps et les prémonitions de certains. Parfois, certes, ils aperçoivent des choses, mais, par manque d'accompagnement ecclésial et de discernement spirituel, ces lueurs du futur ne les aident pas vraiment à se sanctifier ni à comprendre les authentiques desseins de Dieu sur le monde.

D'autres personnes choisissent d'imiter l'attitude de saint Joseph qui, au lieu d'investir du temps et de l'argent dans le déchiffrement des prophéties messia-

niques répertoriées par les Grands Prêtres de l'époque, préfère, avec son épouse Marie, tout miser sur Dieu en lui faisant confiance au jour le jour.

Comme le Père de Caussade au XVIIIᵉ siècle, saint Joseph aurait pu dire : « L'unique nécessaire se trouve dans le moment présent. » Effectivement, chaque moment qui passe contient une grâce et cette grâce *suffit* (le Christ ressuscité l'affirme clairement à saint Paul en 2 Co 12, 9).

À l'imitation de Joseph, soyons donc surtout attentifs à la grâce du moment présent sans nous embarrasser de conjectures sur l'avenir qui, de toute façon, n'appartient qu'à Dieu.

Prière de la neuvaine

« **Bienheureux Joseph... Amen.** » (cf. 1ᵉʳ jour de la neuvaine)

On poursuit par les litanies données le 1ᵉʳ jour, ainsi que par la méditation d'une dizaine de chapelet (choisir de préférence l'un des trois derniers Mystères joyeux où Joseph fut présent). On termine par le Gloire à Dieu.

Sixième jour

Enseignement de l'Écriture

« En retrouvant Jésus au Temple, ses parents furent stupéfaits et sa mère lui dit : « Mon enfant, pourquoi nous as-tu fait cela ? Vois comme nous avons souffert, ton père et moi, en te cherchant ! » Jésus lui répondit : « Pourquoi donc m'avez-vous cherché ? Ne saviez-vous pas qu'il me faut être aux affaires de mon Père ? » Mais ils ne comprirent pas cette parole.

Jésus descendit avec eux pour rentrer à Nazareth, et il leur était soumis. »

Lc 2, 46-51

Méditation du 6ᵉ jour de la neuvaine

Combien de fois n'avons-nous pas eu, dans notre propre vie, la même réaction que la Sainte Famille lorsqu'elle retrouva Jésus au Temple : « Mon Dieu, par tes prophètes, tu affirmes nous aimer et pourtant, comment se fait-il que tu aies laissé tel événement survenir, toi qui es tout-puissant et toute prévenance ? Vois comme nous avons souffert. Pourquoi as-tu ainsi disparu subitement de notre vie ? » Dieu nous répond alors par la bouche de son Fils Jésus (nous ne faisons que gloser Luc 2, 49) : « Ce qui vous est arrivé n'a pas échappé à la Providence de mon Père, mais, au contraire, cela fait partie de son accomplissement. Du fait de mon absence physique, il était naturel que vous Me cherchiez, mais sans perdre votre paix intérieure ni votre confiance en Dieu. L'Ange qui m'a protégé de la main d'Hérode ne pouvait pas maintenant m'abandonner ni vous abandonner. Si l'homme est inconstant, Dieu, lui, reste fidèle et Il protège les siens, même s'Il les éprouve quelquefois, comme le feu qui purifie l'or fin (Za 13, 9). Si la présence sensible de votre Dieu vous est momentanément ôtée, allez au Temple du Père et vous y retrouverez la paix ; allez à la prière liturgique et au culte d'action de grâce en assemblée (cf. Ps 122), et là une forme de présence divine vous sera rendue ! »

Quand Dieu semble donc disparaître de notre vie, devenir plus invisible et silencieux que jamais, faisons comme Joseph et Marie : allons vers un lieu saint connu et de haute réputation religieuse. C'est là de préférence qu'il nous faut chercher Jésus.

Prière de la neuvaine

« Bienheureux Joseph... Amen. » (cf.
1er jour de la neuvaine)

On poursuit par les litanies données le
1er jour, ainsi que par la méditation d'une dizaine
de chapelet (choisir de préférence l'un des trois
derniers Mystères joyeux où Joseph fut présent).
On termine par le Gloire à Dieu.

Septième jour

Enseignement de l'Écriture et de la Tradition

**« Allez à Joseph : faites tout ce qu'il
vous dira ! »**

Gn 41, 55

**« Allez à Joseph, car il peut tout auprès
du divin Rédempteur et auprès de sa
Mère. »**

Pape Pie XI, 19 mars 1935

**« Que celui qui n'a pas de maître pour
lui enseigner l'oraison, prenne saint
Joseph pour guide : il ne risquera pas de
s'égarer... Adressez-vous à lui de préférence, car il a beaucoup de crédit auprès
de Dieu. »**

Sainte Thérèse d'Avila, *Vida*, ch. VI, et *Avis* n° 65

Méditation du 7ᵉ jour de la neuvaine

Saint Joseph est patron de l'Église universelle, patron des époux chrétiens, patron des travailleurs. Malgré tout, beaucoup de baptisés l'oublient ou même le laissent volontairement de côté, croyant plaire à Dieu en magnifiant la mère de Jésus et en se détournant de son père nourricier. En fait, c'est le contraire qui est vrai : Jésus et Marie sont davantage glorifiés quand Joseph leur est associé, même si c'est légèrement en retrait. N'oublions pas que le saint charpentier a reçu en dépôt d'immenses grâces pour l'Église et ses membres. Allons donc aussi à Joseph ; mettons-nous à son école de contemplation active et silencieuse. À sa suite, devenons des saints de la vie ordinaire. Si nous prions Marie chaque jour, pensons également à invoquer brièvement son époux Joseph.

Si nous souhaitons mieux comprendre la spiritualité de l'époux de Marie, relisons l'histoire du patriarche Joseph, fils de Jacob (cf. Gn 37, 2 à 50, 26). **Chez les deux Joseph se vit une forme de contrainte à partir pour l'Égypte. Tous deux respectent la femme qui est à leur côté. Tous**

deux sont guidés par des songes. Tous deux sont nourriciers, l'un nourrit le pays d'Égypte, l'autre la Sainte Famille. Tous deux surtout sont célébrés comme des justes, d'authentiques hommes de Dieu.

Prière de la neuvaine

« Bienheureux Joseph... Amen. » (cf. 1er jour de la neuvaine)

On poursuit par les litanies données le 1er jour, ainsi que par la méditation d'une dizaine de chapelet (choisir de préférence l'un des trois derniers Mystères joyeux où Joseph fut présent). On termine par le Gloire à Dieu.

Huitième jour

Enseignement de la Tradition

Le 7 juin 1660, saint Joseph apparut au berger Gaspard Ricard d'Estienne, près du village de Cotignac (en France, dans le Var). Celui-ci mourait de soif. Il vit un homme lui apparaître, qui lui dit : « Je suis Joseph. Lève cette roche et tu boiras. » Elle était énorme. Le berger hésita. Joseph réitéra son conseil. Alors Gaspard s'exécuta : il fit basculer le rocher au premier effort et, à sa stupéfaction, une eau vive se mit à

ruisseler à cet endroit précis. Puis l'apparition disparut.

Méditation du 8ᵉ jour de la neuvaine

Saint Joseph est souvent prié pour les causes difficiles. La confiance que lui manifestent bien des croyants rejoint une longue tradition ecclésiale, qui s'enracine dans une prise de conscience. En effet, au cours de sa vie terrestre, Joseph obéissait parfaitement à ses devoirs d'état et aux diverses indications providentielles qu'il recevait de son Fils, de son épouse et des signes du quotidien (inspirations, songes, rencontres, passages d'Écriture, etc.). Jésus obéissait à son père nourricier qui, lui-même, était toute attention et obéissance à Dieu. Le prix de cette obéissance fut qu'il mérita, au Ciel, de devenir le patron de tous les petits et les sans-voix, avec mission de les assister « dans tous leurs besoins » (Sainte Thérèse d'Avila), surtout les plus difficiles.

Pour aider un berger assoiffé, Joseph sortit un jour de son silence et indiqua à l'homme quel geste il devait faire pour être soulagé. Humainement, l'effort requis semblait voué à l'échec, mais le berger s'exécuta tout de même. Ce fut alors le miracle du rocher soulevé facilement, libérant une source vive. La leçon à tirer est simple : allons à Joseph et faisons ce qu'il nous demande. Soulevons le rocher de notre incrédulité et jetons-le au loin pour que, là où nous sommes, puisse jaillir, par la grâce du Christ, une source de vie, de prière et d'amour.

Prière de la neuvaine

« Bienheureux Joseph... Amen. » (cf. 1er jour de la neuvaine)

On poursuit par les litanies données le 1er jour, ainsi que par la méditation d'une dizaine de chapelet (choisir de préférence l'un des trois derniers Mystères joyeux où Joseph fut présent). On termine par le Gloire à Dieu.

Neuvième jour

Enseignement de la Tradition

« Après sa mort, Joseph s'éleva dans la gloire divine. Dans son âme, il le fit certainement. Peut-être aussi dans son corps (à la suite de la Résurrection du Christ). Je ne sais, Dieu le sait. »

Jean Gerson (XIVe siècle)

Remarquons qu'à Nazareth, le tombeau dit « de saint Joseph » est vide. Depuis les premiers siècles, nul n'a jamais observé dans l'Église le moindre culte rendu à de quelconques reliques du saint charpentier. Ce qui faisait dire à saint François de Sales qu'il était *probable* que Dieu l'ait élevé au ciel « en corps et en âme » (*Œuvres complètes*, éd. d'Annecy, 1911, t. VI, p. 369).

Fr. B.M.

Lucie de Fatima apporte les précisions suivantes sur la vision du 13 octobre 1917, vers la fin : « Se sont alors présentés, en images brèves, Notre Dame en bleu et saint Joseph portant l'Enfant Jésus, vêtus tous les deux de rouge léger (c'est la couleur royale davidique). Tous les trois paraissaient bénir le monde avec des gestes de la main en forme de croix. »

Lucie raconte Fatima, Paris, 1975, p. 168

Méditation du 9ᵉ jour

Le bienheureux Frère André de Montréal (1845-1937) fut un apôtre fervent de saint Joseph. En son honneur, malgré son dénuement, il réussit à lui faire bâtir une basilique, celle du Mont-Royal, le plus important sanctuaire mondial dédié à

l'époux de Marie. Il conseillait aux fidèles de « faire une neuvaine à saint Joseph en commençant par aller se confesser et communier ». On est en droit de penser que saint Joseph lui-même aurait pu faire siennes les paroles suivantes du Frère André. Il les confiait à des pèlerins : « C'est étonnant : on me demande souvent des guérisons, mais bien rarement l'humilité et l'esprit de foi. C'est pourtant si important ! »

Écoutons encore l'un de ses précieux conseils : « Allez prier devant la statue de saint Joseph. Dites-lui : Saint Joseph, priez pour moi, comme vous auriez prié si vous étiez vous-même à ma place. »

Si notre prière à saint Joseph n'est pas exaucée exactement comme nous l'aurions souhaité, rappelons-nous la remarque de Thérèse d'Avila : « Lorsque ma demande à saint Joseph est quelque peu de travers, il la redresse pour le plus grand bien de mon âme » (Vida, ch. VI).

La mort corporelle vécue saintement est une liturgie qui glorifie Dieu, non une catastrophe. Sinon, soyons sûrs que Jésus, qui devait guérir tant de ses contemporains, n'aurait jamais laissé son père nourricier partir en précurseur au séjour des morts.

Prière de la neuvaine

« Bienheureux Joseph... Amen. » (cf. 1ᵉʳ jour de la neuvaine)

On poursuit par les litanies données le 1ᵉʳ jour, ainsi que par la méditation d'une dizaine de chapelet (choisir de préférence l'un des trois derniers Mystères joyeux où Joseph fut présent). On termine par le Gloire à Dieu.

8

Neuvaine à saint Antoine de Padoue protecteur des distraits et des affligés

Un peu d'histoire

Selon la tradition, Fernando de Bulôes serait né un 15 août de l'année 1195, à Lisbonne, au Portugal. À l'âge de quinze ans, il fut admis chez les chanoines réguliers de Saint-Augustin. Après deux ans de postulat et noviciat, il fut envoyé durant huit ans dans le monastère augustinien de Coïmbra pour y faire de solides études théologiques à l'issue desquelles il fut ordonné prêtre. Vers 1219, il fut très impressionné par sa rencontre avec cinq Frères mineurs italiens qui partaient pour le Maroc afin de répondre à un appel intérieur et à un souhait de leur fondateur, un certain François d'Assise. Celui-ci avait écrit dans sa Première Règle : « Si des Frères, sous l'inspiration de

Dieu, veulent partir chez les Sarrazins et autres infidèles, ils pourront le faire avec l'autorisation de leur responsable… Les Frères en terre non chrétienne confesseront simplement qu'ils sont chrétiens, se contentant de se soumettre à toute créature à cause de Dieu, mais si la volonté de Dieu les y pousse, ils pourront aussi annoncer (explicitement) la Parole de Dieu afin d'amener les païens à la conversion… Les Frères, où qu'ils se trouvent, se rappelleront qu'ils ont livré leur corps à notre Seigneur Jésus Christ ! » (1 Rg 16, 3-14). Au début de l'année 1220, on ramena au Portugal quelques restes des corps martyrisés des cinq Frères mineurs missionnaires, ce qui provoqua chez Fernando une véritable révélation sur sa propre vocation. En octobre de la même année, il demanda à quitter les chanoines réguliers de Coïmbra pour pouvoir être admis non loin de là dans l'ermitage franciscain de Saint Antoine d'Olivarès. Tout naturellement, il prit comme « nouveau nom » (Ap 2, 17) celui de l'ermitage qui l'accueillait. Sentant qu'il devait prendre la relève de l'un des Frères martyrs, il se proposa à partir à son tour au Maroc pour y témoigner par la parole et par le sang. Peu de temps après, il s'embarqua avec le Frère Filippo, mais, une fois sur place, la maladie les contraignit assez vite à rembarquer. Leur navire, au lieu d'atteindre l'Espagne, fut déporté par les vents vers la Sicile. Apprenant alors que François d'Assise avait convoqué un chapitre général pour la Pentecôte 1221, Antoine s'y rendit et fut ensuite envoyé à Forli où il passa près d'un an. Ayant eu à prêcher à la place d'un autre Frère lors d'une fête d'ordination, l'assemblée présente découvrit avec étonnement sa merveilleuse éloquence et son extraordinaire ferveur. Antoine fut alors envoyé en mission un peu partout en Italie et en France (où il fonda le couvent de Brive-la-Gaillarde). Les conversions et les miracles se multiplièrent sur son passage, au point qu'on le surnomma *le Marteau des hérétiques* et que le pape Grégoire IX, qui l'avait entendu, lui décerna le titre d'*Arche du Testament*. De 1227 à 1230, il résida au couvent de Padoue d'où il exerça sa charge de supérieur provincial de l'Italie du Nord (de là le nom qu'on lui donna plus tard de Saint Antoine « de Padoue »). Il acheva sa courte vie à trente-six ans le vendredi 13 juin 1231, peu après avoir chanté l'hymne mariale *Ô Gloriosa Domina*. Il est enterré à Padoue dans une basilique qui lui est dédiée.

Frère Antoine fut canonisé le 30 mai 1232 par son ami le pape Grégoire IX et on lut à cette occasion une liste de 44 miracles qui lui étaient officiellement attribués. Dans la première *Vie* du saint rédigée par le Frère Julien de Spire vers 1235, on évoque les grâces susceptibles d'être confiées à son intercession, entre autres un secours providentiel dans les cas de danger mortel, d'erreur, de calamités naturelles, de maladie, d'emprisonnement, d'indigence, et même de perte d'objet. Cette aptitude d'aider à *retrouver les objets perdus* s'appuie sur deux épisodes de sa vie : une coupe de verre brisée puis recomposée, et un psautier subtilisé par un novice et retrouvé par sa clairvoyance. En fait, saint Antoine de Padoue se montre attentif à toute demande simple et concrète à condition, comme il le recommandait lui-même, que le demandeur « ait le cœur pur et reste soumis à la volonté de Dieu ». Le pape Pie XII le déclara docteur de l'Église le 16 janvier 1946. Il est le saint patron du Portugal, des marins, des naufragés et des prisonniers.

Intentions principales de la neuvaine

- Pour les affligés à divers titres.
- Pour les marins, notamment ceux en danger de naufrage.
- Pour les endettés.
- Pour les prisonniers.
- Pour les pauvres et les petits qu'on humilie.
- Pour les prédicateurs et théologiens en mal d'inspiration.
- Pour les grands malades et les mourants.
- Pour les communautés franciscaines en difficulté.

• Pour ceux qui ont perdu un objet important et ne le trouvent plus.

Quand faire la neuvaine

La fête de saint Antoine étant le 13 juin, on commencera la neuvaine le 5 juin. On pourra également la démarrer n'importe quel samedi de l'année pour la conclure un dimanche. On communiera ce jour-là aux intentions de la neuvaine, l'abandon à la volonté de Dieu en faisant intégralement partie.

Premier jour

Enseignement de la Tradition ecclésiale

« Frère Antoine, il me plaît que tu enseignes aux Frères la sainte théologie, pourvu que cette étude n'éteigne pas en eux l'esprit de prière et d'amour, comme l'indique la Règle. »

Saint François d'Assise, Lettre-obédience (1222)

« Au Frère Antoine, le Seigneur avait accordé la compréhension des Écritures et le don de les prêcher à tout le monde de manière savoureuse. »

Frère Thomas de Celano, vers 1228 (1 Cel 48)

« Après avoir écouté la prédication du Frère Antoine (en 1230), le pape Grégoire IX s'écria : "En vérité, celui-ci est l'arche du Testament et le réceptacle de la divine Écriture !" »

Fioretti, ch. 39

Méditation du 1ᵉʳ jour de la neuvaine

Saint Antoine fut un grand prédicateur puissant en œuvres saintes parce qu'il fut un homme humble, priant sans cesse comme son maître et ami François d'Assise. Sachons nous mettre à leur école, celle de l'Évangile cru et vécu « sans glose ».

Prière de la neuvaine

Bienheureux saint Antoine, tu voulus d'abord offrir ton corps au martyre, puis tu consacras ta courte vie à rectifier l'erreur, à témoigner de la vérité des Écritures, à secourir les petits, les pauvres, les affligés de toutes sortes, allant parfois jusqu'à implorer pour eux un miracle de Dieu.

Comme en témoigne une longue tradition chrétienne maintes fois vérifiée, tu continues au Ciel d'intervenir en notre faveur, joignant ta voix à la nôtre pour demander les plus grandes choses, mais

aussi les plus petites. Avec confiance, nous venons donc te recommander spécialement l'intention suivante : (la formuler ici)**.**

Qu'à ta prière fraternelle, le meilleur nous soit accordé pour la plus grande gloire de Dieu, de la Vierge Marie, de tous les anges et de tous les saints, que tu as si magnifiquement chantés dans tous tes sermons. Amen.

Poursuivons avec les litanies de saint Antoine

Seigneur, prends pitié de nous.
Ô Christ, prends pitié de nous.
Seigneur, prends pitié de nous.

Père saint, exauce-nous.
Fils rédempteur du monde,
    sauve-nous.
Esprit Saint, sanctifie-nous.

Sainte Marie, priez pour nous.
Sainte Mère de Dieu, priez pour nous.
Sainte Vierge des vierges,
    priez pour nous.

Saint Antoine de Padoue,
    prie pour nous.
Saint Antoine, apôtre de l'Évangile,

prie pour nous.
**Saint Antoine, marchant
avec l'Esprit des prophètes,
prie pour nous.
Saint Antoine, docteur de l'Église,
prie pour nous.
Saint Antoine, lumière de l'Église,
prie pour nous.
Saint Antoine, prédicateur du salut,
prie pour nous.
Saint Antoine, trompette de l'Évangile,
prie pour nous.
Saint Antoine, modèle
de fidélité religieuse,
prie pour nous.
Saint Antoine, modèle
de renoncement,
prie pour nous.
Saint Antoine, modèle de pénitence,
prie pour nous.
Saint Antoine, vase de pureté,
prie pour nous.
Saint Antoine, exemple d'obéissance,
prie pour nous.
Saint Antoine,
époux de Dame Pauvreté,
prie pour nous.
Saint Antoine, lys de chasteté,
prie pour nous.
Saint Antoine, rose de patience,**

prie pour nous.
Saint Antoine, violette d'humilité,
   prie pour nous.
Saint Antoine, perle de sainteté,
   prie pour nous.
Saint Antoine, « marteau
   des hérétiques »,
   prie pour nous.
Saint Antoine, « arche du Testament »,
   prie pour nous.
Saint Antoine, serviteur ardent
   du Culte divin,
   prie pour nous.
Saint Antoine, passionné
   du salut des âmes,
   prie pour nous.
Saint Antoine, aspirant au martyre
   par amour,
   prie pour nous.
Saint Antoine, imitateur du Christ,
   prie pour nous.
Saint Antoine, dévot de Notre Dame,
   prie pour nous.
Saint Antoine, fidèle disciple
   de saint François d'Assise,
   prie pour nous.
Saint Antoine, puissant thaumaturge,
   prie pour nous.
Saint Antoine, ami de ceux
   qui se confient à toi,

prie pour nous.
Saint Antoine, qui aides à retrouver
les objets perdus,
prie pour nous.
Saint Antoine, qui nourris les pauvres,
prie pour nous.

Agneau de Dieu, qui enlèves
les péchés du monde,
pardonne-nous, Seigneur.
Agneau de Dieu, qui enlèves
les péchés du monde,
exauce-nous, Seigneur.
Agneau de Dieu, qui enlèves
les péchés du monde,
aie pitié de nous, Seigneur.

PRIONS : Dieu éternel et tout-puissant, tu as voulu que ton peuple trouve en saint Antoine de Padoue un grand prédicateur de l'Évangile et un défenseur des pauvres. Permets donc qu'avec son aide, et fidèles à ses exemples et leçons de vie chrétienne, nous ressentions dans notre vie présente Ton secours providentiel. Amen.

Concluons la prière de ce jour par la méditation d'une dizaine de chapelet (choisir de préfé-

NEUVAINE À SAINT ANTOINE DE PADOUE

rence l'un des trois derniers Mystères lumineux)
et le Gloire à Dieu.

Deuxième jour

Enseignement de saint Antoine

« **Ne confondez pas croire Dieu et
croire "en" Dieu. Croire Dieu signifie
admettre pour vrai ce que Dieu a dit.
Même les méchants et les démons peuvent le faire. Croire en Dieu, c'est lui
donner son cœur, c'est le posséder par
une foi ardente, c'est devenir l'un des
siens.** »

Sermon pour le Temps ordinaire

Méditation du 2ᵉ jour de la neuvaine

**Saint Antoine fait ici la différence
entre l'adhésion intellectuelle à un Dieu
connu mais pas forcément aimé, et l'acte
de foi théologale qui implique toujours
l'amour, même si la sensibilité n'y a pas
toujours sa part. Demandons donc à
saint Antoine de nous obtenir cette foi
ardente qui plaît à Dieu et qui fut précisément la sienne durant sa vie terrestre.**

Prière de la neuvaine

« Bienheureux saint Antoine… » (cf. 1er jour de la neuvaine)

On poursuit par les litanies données le 1er jour, ainsi que par la méditation d'une dizaine de chapelet (choisir de préférence l'un des trois derniers Mystères lumineux). On termine par le Gloire à Dieu.

Troisième jour

Enseignement de saint Antoine

« Si vous avez fait quelque tort à un enfant et que vous lui offriez peu après un objet qu'il aime, il oubliera vite sa peine et sa colère. Il en est de même du Christ. Si vous l'avez offensé par quelque faute et que vous lui offriez la rose de votre contrition avec vos larmes qui sont comme le sang de l'âme, il oubliera vite votre offense et accourra vous prendre dans ses bras pour vous embrasser. »

Sermon pour Noël

Méditation du 3e jour de la neuvaine

Saint Antoine parle ici d'expérience, car le Christ lui apparut plusieurs fois

durant ses oraisons sous la forme d'un petit Enfant qui venait l'embrasser. Cette spiritualité de confiance et de simplicité filiale « comme les petits enfants » (Mt 18, 3) rejoint pleinement celle d'un autre docteur donné récemment à l'Église : sainte Thérèse de l'Enfant-Jésus. Ainsi, Frère Antoine aurait très bien pu dire comme elle en 1895 : « Que les miséricordes du bon Dieu sont grandes pour ses pauvres enfants ! » (L 178, 50).

Prière de la neuvaine

« **Bienheureux saint Antoine...** » (cf. 1ᵉʳ jour de la neuvaine)

On poursuit par les litanies données le 1ᵉʳ jour, ainsi que par la méditation d'une dizaine de chapelet (choisir de préférence l'un des trois derniers Mystères lumineux). On termine par le Gloire à Dieu.

Quatrième jour

Enseignement de saint Antoine

« **Dans la partie supérieure de l'Arche de Noé se trouvaient les oiseaux** (cf. Gn 7, 14). **Ceux-ci symbolisent les âmes pures et contemplatives. Ce sont elles qui peuvent**

s'élever haut dans les cieux et contempler l'étendue du Royaume. »

Sermon pour le Dim. de la Sexagésime

Méditation du 4ᵉ jour de la neuvaine

Ici encore, saint Antoine parle d'expérience, car, au dire de ses contemporains, il était profondément contemplatif, passant de longues heures nocturnes à prier Dieu et à contempler différents aspects de son Mystère. Il est certain que ses lumineuses prédications étaient la surabondance partagée au plus grand nombre d'une contemplation habituelle des Écritures, repérable uniquement par ses plus proches.

Prière de la neuvaine

« Bienheureux saint Antoine... » (cf. 1ᵉʳ jour de la neuvaine)

On poursuit par les litanies données le 1ᵉʳ jour, ainsi que par la méditation d'une dizaine de chapelet (choisir de préférence l'un des trois derniers Mystères lumineux). On termine par le Gloire à Dieu.

Cinquième jour

Enseignement de saint Antoine

« Le Seigneur Jésus visita trois déserts : le sein virginal de Marie où il resta neuf mois par bonté pour nous ; le désert de Judée où il resta quarante jours pour nous servir de modèle dans la tentation ; enfin, le désert du Golgotha où il resta crucifié trois heures pour obéir à son Père. »

Sermon pour le 1er Dim. de Carême

Méditation du 5e jour de la neuvaine

Saint Antoine savait sous quel patronage il s'était placé tout au début de sa vocation franciscaine. Celui de saint Antoine le Grand, ermite égyptien du IVe siècle, qui vécut soixante-dix ans au désert. Les lieux élevés et arides ne sont pas fréquentés par les hommes, sauf par un tout petit reste qui, totalement dépouillé, cherche l'essentiel, marchant en compagnie d'un Rocher spirituel d'où jaillit l'Eau vive (1 Co 10, 4)**.**

Prière de la neuvaine

« Bienheureux saint Antoine… » (cf. 1er jour de la neuvaine)

On poursuit par les litanies données le 1ᵉʳ jour, ainsi que par la méditation d'une dizaine de chapelet (choisir de préférence l'un des trois derniers Mystères lumineux). On termine par le Gloire à Dieu.

Sixième jour

Enseignement de saint Antoine

« Le Christ est le Pontife des biens futurs. Pontife (en latin *pontifex*) signifie "qui établit un pont". Deux rives se font face : la mort et l'immortalité. Entre elles coule le fleuve de nos péchés et de nos misères. Selon Isaïe (59, 2), toutes ces fautes creusent une séparation entre Dieu et nous. En conséquence, Il nous cache sa Face et ne souhaite plus nous entendre. C'est alors que le Christ vient et se fait lui-même le pont de notre salut. »

Sermon du Dim. de la Passion

Méditation du 6ᵉ jour de la neuvaine

Ce symbole du pont, belle image d'Antoine, ne figure pas explicitement dans la Bible, mais s'y trouve néanmoins suggéré. Par exemple quand Jésus déclare :

« Je suis le chemin, la vérité et la vie ; nul ne va au Père que par moi » (Jn 14, 6). **Le Pont vivant et salutaire qu'est le Christ est aussi un Pont douloureux, comme le prophétisait déjà Isaïe : « Tu as fait de ton dos comme une rue pour les passants »** (Is 51, 23).

Prière de la neuvaine

« Bienheureux saint Antoine… » (cf. 1er jour de la neuvaine)

On poursuit par les litanies données le 1er jour, ainsi que par la méditation d'une dizaine de chapelet (choisir de préférence l'un des trois derniers Mystères lumineux). On termine par le Gloire à Dieu.

Septième jour

Enseignement de saint Antoine

« Ô vous qui passez par Jérusalem, arrêtez-vous un instant et regardez-moi cloué à la croix. Voyez s'il est une douleur semblable à ma douleur. Mes disciples s'enfuient. Ma famille proche et mes amis se retirent. Pierre m'a renié. Le pouvoir religieux m'a couronné d'épines. Des soldats étrangers, après m'avoir crucifié,

me blasphèment, m'abreuvent de fiel et de vinaigre. Oui, voyez donc s'il est une douleur semblable à ma douleur ! »

Sermon pour le Dim. de la Quinquagésime

Méditation du 8ᵉ jour de la neuvaine

Frère Antoine est non seulement un saint qui instruit par ses prédications et édifie par les miracles qu'il obtient, mais il est aussi cet humble moine souffrant qui, souvent malade et attaqué par les démons, sait comprendre le Christ crucifié et son grand abandon du Golgotha. S'il ne porte pas les stigmates de son Seigneur dans son corps, comme son ami François d'Assise, il les porte dans toute son âme aimante.

Prière de la neuvaine

« Bienheureux saint Antoine… » (cf. 1ᵉʳ jour de la neuvaine)

On poursuit par les litanies données le 1ᵉʳ jour, ainsi que par la méditation d'une dizaine de chapelet (choisir de préférence l'un des trois derniers Mystères lumineux). On termine par le Gloire à Dieu.

Huitième jour

Enseignement de saint Antoine

« Pourquoi le Seigneur montre-t-il aux apôtres les plaies de son côté, celles de ses mains et de ses pieds ? Il veut d'abord lever tout doute sur sa résurrection. Il veut ensuite offrir ses plaies à l'âme fidèle pour qu'elle y trouve refuge comme la colombe du Cantique (Ct 2, 14). Il veut aussi imprimer dans nos cœurs ces marques du salut. Enfin, il espère que ces plaies nous inspireront compassion et que nous éviterons de le transpercer à nouveau par les clous de nos péchés. »

Sermon du 1er Dim. après Pâques

Méditation du 8e jour de la neuvaine

Saint Antoine parle ici en contemplatif poète, mais aussi en théologien profondément humble. A-t-on remarqué qu'il ne dit jamais « vous autres, les laïcs, les pécheurs, les infidèles » ? Il ne dit jamais « vous », mais seulement « nous », et s'inclut humblement dans le peuple des pécheurs capables, malheureusement, de contribuer pour leur part à la Passion du Sauveur.

Prière de la neuvaine

« Bienheureux saint Antoine... » (cf. 1er jour de la neuvaine)

On poursuit par les litanies données le 1er jour, ainsi que par la méditation d'une dizaine de chapelet (choisir de préférence l'un des trois derniers Mystères lumineux). On termine par le Gloire à Dieu.

Neuvième jour

Enseignement de saint Antoine

Au début de l'année 1231, Frère Antoine, âgé de trente-six ans, est très affaibli par son hydropisie. Il obtient la permission de se retirer au nord de Padoue, dans l'ermitage de Camposampiero, qui avait été donné à l'Ordre des Mineurs par son ami tertiaire, le comte Tiso. Dans sa cellule de 4 mètres sur 2,50 mètres, se trouvent une table, une chaise et une planche en guise de lit. Comme la douleur l'empêche de dormir, Frère Antoine passe une partie de ses nuits à lire et méditer les Écritures. Une nuit, marchant près de l'ermitage, le comte Tiso aperçoit une vive clarté rayonnant de la fenêtre du moine. Intrigué, il s'approche

et jette un œil par l'ouverture. Il voit alors son ami assis sur sa planche, le grand livre des Écritures ouvert sur ses genoux et, sur le livre, un jeune enfant d'une beauté incomparable, vêtu de soleil. Le comte se doute qu'il doit s'agir de l'Enfant Jésus. Celui-ci enserre le cou du moine et lui prodigue baisers et caresses. Antoine les lui rend avec bonheur. Soudain, le moine aperçoit le comte par la fenêtre, fait un geste de surprise et le saint Enfant disparaît tout à coup. Antoine demande la discrétion au comte. Celui-ci promet, mais confiera cette grâce sous serment après la mort du saint, qui survient le 13 juin de la même année. C'est cette scène charmante qu'on trouve souvent reproduite dans la statuaire de nombreuses églises catholiques.

Fr. B.M. d'ap. biographie de F. Lequenne

Méditation du 9ᵉ jour de la neuvaine

Saint Antoine était vraiment un familier du Christ et, comme saint François d'Assise, il aimait à le contempler dans son mystère d'abaissement de la petite enfance. Tous deux y voyaient un sommet de l'Amour divin qui, pour mieux se donner, voulut se faire tout petit, tout faible et dépendant. Ils retrouvaient cette même humilité d'amour dans le mystère de l'Eucharistie. Saint François s'était même écrié un jour : « Frères, sous l'humble apparence du pain, voyez l'humilité de Dieu et faites-lui donc l'hommage de vos cœurs ! » (3 L 27-28).

Prière de la neuvaine

« **Bienheureux saint Antoine…** » (cf. 1er jour de la neuvaine)

On poursuit par les litanies données le 1er jour, ainsi que par la méditation d'une dizaine de chapelet (choisir de préférence l'un des trois derniers Mystères lumineux). On termine par le Gloire à Dieu.

9

Neuvaine à sainte Thérèse de l'Enfant-Jésus consolatrice des grands souffrants

Un peu d'histoire

On peut distinguer quatre périodes dans la courte vie de sainte Thérèse de l'Enfant-Jésus et de la Sainte Face (née Thérèse Martin le 2 janvier 1873). D'abord, la petite enfance à Alençon (1873-1877), période au cours de laquelle elle perd sa mère Azélie Martin avant l'âge de cinq ans. Viennent ensuite les années heureuses aux « Buissonnets » de Lisieux auprès de son père Louis Martin et de ses quatre sœurs. C'est ensuite la vie fervente et rude au Carmel de Lisieux (1888-1897). Elle y meurt de tuberculose à vingt-quatre ans, le jeudi 30 septembre 1897, vers 19 heures. La quatrième période n'est pas la moindre : c'est celle de son rayonnement posthume à

partir de la publication de son autobiographie
l'*Histoire d'une âme* (Impr. Saint Paul, sept. 1898),
dont l'édition à 2000 exemplaires se trouve épui-
sée en un semestre.

Le pape Pie XI la canonise le 17 mai 1925,
puis, en 1927, la déclare « patronne principale
des missions ». Le 3 mai 1944, le pape Pie XII la
déclare « patronne secondaire de la France à
l'égal de Sainte Jeanne d'Arc ». Enfin, le 19 octobre 1997, le pape Jean-Paul II la proclame « docteur de l'Église ». À bien des égards, elle a donc
réalisé sa vocation profonde qu'elle avait ainsi
résumée à sa sœur aînée Marie du Sacré-Cœur,
en 1896 : « Dans le Cœur de l'Église, ma Mère,
je serai l'Amour » (MsB, 3v°, 28).

La neuvaine que nous proposons ci-après
reprend neuf grandes souffrances ou « difficultés » supportées par Thérèse au long de sa vie.
Elles ont un caractère tellement emblématique et
universel que, normalement, tout priant de ce
livre devrait y trouver son compte. À chaque
peine évoquée, Thérèse nous dira elle-même
comment elle réussit à ne pas se laisser abattre, et
à rebondir à chaque fois comme « la petite balle
de l'Enfant-Jésus » (L 36, 57). Elle qui sut aller au-
delà de ses dernières forces afin de marcher
« pour un missionnaire épuisé » (DE, MSC, mai), elle
qui se traîna auprès de sa Sœur Marie de la Trinité qui pleurait pour lui dire : « Dussé-je en

mourir, je veux vous consoler ! » (DE, juin), cette même Sœur compatissante saura également venir nous aider, même si pour cela il lui fallait « descendre du Ciel » (CJ, 13.7.3).

Intentions principales de la neuvaine

1. Pour ceux qui souffrent de graves problèmes familiaux.

2. Pour ceux qui souffrent de leur corps et de maladie.

3. Pour ceux qui vivent auprès d'un caractère « impossible ».

4. Pour ceux qui croient avoir perdu la foi et l'espérance.

5. Pour ceux qui souffrent de l'Église dans ses responsables visibles.

6. Pour ceux qui sont dans des douleurs paroxystiques.

7. Pour ceux qui ont de grandes difficultés à prier.

8. Pour ceux qui sont en butte à des persécutions diaboliques.

9. Pour ceux qui n'arrivent pas à envisager la mort dans l'espérance.

Quand faire la neuvaine

On pourra prier la neuvaine peu avant la fête liturgique de la sainte fixée le 1er octobre, ce qui la fait débuter le 23 septembre. Si cette date n'est pas proche dans le calendrier, on choisira de la commencer un samedi, jour consacré à la Vierge Marie, pour la clôturer le dimanche de l'autre semaine, le jour du Seigneur.

On récitera la prière de neuvaine si possible devant une photographie du Suaire de Turin auquel on pourra adjoindre une photographie de la sainte.

Premier jour

Pour ceux qui souffrent de graves problèmes familiaux

Les saints parents de Thérèse, Louis et Azélie Martin, eurent beaucoup à souffrir dans leurs enfants. Sur les neuf qui naquirent entre 1860 et 1873, trois moururent en bas âge, plus une charmante petite Hélène de cinq ans et demi en février 1870. Puis ce fut le décès de la maman Azélie le 28 août 1877, alors que la petite dernière, Thérèse, n'avait que quatre ans et demi. Léonie donna du souci à tout le monde du fait de son caractère

instable et la jeune Thérèse souffrit elle-même d'une maladie nerveuse « si grave que je ne devais pas en guérir suivant les calculs humains » (MsA, 28v°). **Quant au papa, atteint de sénilité vers l'âge de soixante-cinq ans, il dut être interné à l'asile de Caen durant trente-neuf mois, jusqu'en mai 1892.**

« … le malheur qui nous a frappées en la maladie de Papa. »

Sainte Thérèse de l'Enfant-Jésus (L 83, 54)

« Je ne comprends pas les saints qui n'aiment pas leur famille. »

Sainte Thérèse de l'Enfant-Jésus (CJ, 21/26.5.1)

Méditation du 1ᵉʳ jour de la neuvaine

L'amour chrétien est un amour spirituel et sans doute pour cette raison est-il aussi un amour incarné. Il est fréquent que nos proches par la chair puissent nous être proches par l'esprit (bien que ce ne soit pas toujours le cas). De ce fait, toute blessure, toute souffrance d'un proche devient aussi la nôtre. Souffrir pour la famille, avec elle et même par elle, est une forme de compassion que Thérèse a elle-même pratiquée discrètement, mais très réellement.

Prière de la neuvaine

Sainte Thérèse de l'Enfant-Jésus et de la Sainte Face, tu t'es offerte au Dieu de toute bonté comme hostie d'amour, toute dévouée aux petites âmes, faibles, souffrantes et pécheresses. Or, c'est précisément ce que nous sommes et ce qui motive notre démarche auprès de toi.

Comme en témoignent d'innombrables ex-voto à Lisieux et partout dans le monde, tu ne cesses d'intervenir auprès de Dieu en notre faveur, pour Lui demander le réconfort dont nous avons un urgent besoin. Avec confiance, nous venons donc te recommander l'intention suivante : (la formuler ici).

Toi qui es patronne des missions et de la France (à titre secondaire après la Vierge Marie), docteur de l'Église, modèle des âmes simples et humbles, nous nous adressons à toi comme à une grande sœur qui a supporté vaillamment bien des épreuves. Si telle est la volonté de Dieu, obtiens-nous à présent d'être secouru.

Nous t'en remercions par avance et te promettons de suivre encore plus fidèlement le sûr chemin de ta petite voie

d'enfance spirituelle, qui est toute d'abandon et de confiance en la Miséricorde de notre Père du ciel. Amen.

On conclut par un Notre Père, un Je vous salue Marie et le Gloire à Dieu.

Deuxième jour

Pour ceux qui souffrent de leur corps et de maladie

« Toujours mon corps m'a gênée : je ne me trouvais pas à l'aise dedans. »

Sainte Thérèse de l'Enfant-Jésus (CJ, 30.7.1)

« Je puis vous assurer que je n'ai pas été un seul jour sans souffrir, pas un seul ! »

Sainte Thérèse de l'Enfant-Jésus (DE, TSA, juillet)

« Comme c'est facile de se décourager quand on est bien malade ! »

Sainte Thérèse de l'Enfant-Jésus (CJ, 4.8.4)

« Je ne suis pas un guerrier qui a combattu avec des armes terrestres, mais avec "le glaive de l'Esprit qui est la Parole de Dieu" (Ep 6, 17). **Aussi, la maladie n'a pu m'abattre… »**

Sainte Thérèse de l'Enfant-Jésus (CJ, 9.8.1)

Méditation du 2ᵉ jour de la neuvaine

Toute maladie sérieuse s'attaque à la vie même et la menace plus ou moins directement. Ainsi, on peut perdre la vue par dégénérescence irréversible des nerfs optiques. Ce genre d'épreuve place avec rudesse devant la finitude terrestre et oblige à lutter fermement pour rester dans l'espérance. Thérèse nous indique d'où elle tira son courage dans la déchirure progressive de sa propre « enveloppe » (CJ, 30.5.1) **: dans la force des saintes Écritures.**

Prière de la neuvaine

« Sainte Thérèse de l'Enfant-Jésus… Amen. » (cf. 1ᵉʳ jour de la neuvaine)

On conclut par un Notre Père, un Je vous salue Marie et le Gloire à Dieu.

Troisième jour

Pour ceux qui vivent auprès d'un caractère « impossible »

« J'avais une nature pas commode. Cela ne paraissait pas, mais moi je le sentais bien. »

Sainte Thérèse de l'Enfant-Jésus (DE, TSA, juillet)

« Les âmes imparfaites ne sont pas recherchées... En disant les âmes imparfaites, je ne veux pas seulement parler des imperfections spirituelles... Je veux parler du manque de jugement, d'éducation, de la susceptibilité de certains caractères, toutes choses qui ne rendent pas la vie très agréable. Je sais bien que ces infirmités morales sont chroniques, il n'y a pas d'espoir de guérison, mais je sais bien aussi que ma Mère ne cesserait pas de me soigner, d'essayer de me soulager, si je restais malade toute ma vie. Voici la conclusion que j'en tire : je dois rechercher... la compagnie des sœurs qui me sont les moins agréables, remplir près de ces âmes blessées l'office du bon Samaritain. Une parole, un sourire aimable, suffisent souvent pour épanouir une âme triste... »

Sainte Thérèse de l'Enfant-Jésus (MsC, 28r°)

Méditation du 3ᵉ jour de la neuvaine

Être affligé d'un tempérament chagrin et acariâtre est sans doute une épreuve pour soi, mais bien plus encore pour l'entourage. En 1933, sainte Faustine se fit elle-même l'écho des justes remarques de sainte Thérèse de l'Enfant-Jésus quand elle écrivit : « Je me suis aperçue que certaines personnes avaient un don particulier pour agacer les autres. Elles s'y emploient de leur mieux et la pauvre âme qu'elles ont sous la main n'y pourra rien ; les meilleures choses seront déformées » (PJ, § 182). **Quelle solution préconiser aux personnes concernées par ce genre d'épreuve qui peut confiner au martyre secret à coups d'épingle ? Thérèse répond simplement : « Qu'elles fassent donc ce que j'ai fait : un grand effort ! »** (CJ, 8.8.3). **Il va de soi qu'un tel effort concerne non seulement celui qui fréquente une « âme blessée », mais aussi celle-ci.**

Prière de la neuvaine

« Sainte Thérèse de l'Enfant-Jésus… Amen. » (cf. 1er jour de la neuvaine)

On conclut par un Notre Père, un Je vous salue Marie et le Gloire à Dieu.

Quatrième jour

Pour ceux qui croient avoir perdu la foi et l'espérance

« C'est sur le Ciel que tout porte : comme c'est étrange et incohérent ! »

Sainte Thérèse de l'Enfant-Jésus (CJ, 3.7.3)

« On dirait que le bon Dieu veut me faire accroire qu'il n'y a pas de Ciel ! »

Sainte Thérèse de l'Enfant-Jésus (CJ, 15.8.7)

« C'est le raisonnement des pires matérialistes qui s'impose à mon esprit. »

Sainte Thérèse de l'Enfant-Jésus (CV, 10.8.7)

Au sujet de ses tentations d'incroyance et de désespoir, Thérèse ne voulait pas se lancer à polémiquer avec elles. Elle confia à Mère Agnès : « Je les subis forcément, mais tout en les subissant, je ne cesse de faire des actes de foi. »

Sainte Thérèse de l'Enfant-Jésus (CJ, 3.7.3)

« Je chante simplement ce que je *veux* croire ! »

Sainte Thérèse de l'Enfant-Jésus (MsC, 7v°)

Méditation du 4ᵉ jour de la neuvaine

La foi est une grâce de force et de lumière. Quand la lumière s'éteint, reste encore la force qui soutient la volonté de croire et d'aimer malgré tout. Thérèse voulait continuer d'aimer de nuit comme de jour. Demeurant petite enfant aimante entre les bras de son Père du ciel, elle ne craignait plus l'orage, car, disait-elle, « le total abandon, voilà ma seule loi »

(P, 7.6.1896). **Ajoutant aussi avec Job : « Même si Dieu me tuait, j'espèrerais encore en Lui ! »** (Jb 13, 15 ; CJ 7.7.3).

Prière de la neuvaine

« Sainte Thérèse de l'Enfant-Jésus... Amen. » (cf. 1er jour de la neuvaine)

On conclut par un Notre Père récité « très lentement » comme le conseille sainte Thérèse (MsC, 25v°), un Je vous salue Marie et le Gloire à Dieu.

Cinquième jour

Pour ceux qui souffrent de l'Église dans ses responsables visibles

Le pape Léon XIII écouta avec bienveillance la demande de Thérèse d'entrer au Carmel à l'âge de quinze ans et lui répondit : « Eh bien, mon enfant, faites ce que les supérieurs vous diront ! » Comme Thérèse insistait, le Saint Père conclut sagement : « Vous entrerez si le bon Dieu le veut ! »

Sainte Thérèse de l'Enfant-Jésus (MsA, 63r°/v°)

« Je n'ai reçu d'encouragement de personne et, quand l'occasion s'est présentée

d'ouvrir mon âme, j'étais si peu comprise... »

Sainte Thérèse de l'Enfant-Jésus (L 83, 54)

« On s'aveugle, on s'enténèbre si facilement. Voyez le pauvre (abbé) Lamennais qui avait pourtant écrit de si belles choses sur l'humilité ! »

Sainte Thérèse de l'Enfant-Jésus (CRM, 86 bis)

« Sœur Saint Jean-Baptiste est ordinairement l'image de la sévérité du bon Dieu. »

Sainte Thérèse de l'Enfant-Jésus (L 230)

« Il faut vous habituer à laisser paraître votre reconnaissance... Autrement, c'est une indifférence qui, bien qu'elle ne soit qu'extérieure, glace le cœur et détruit la cordialité si nécessaire en communauté. »

Sainte Thérèse de l'Enfant-Jésus (MDT, C 12r°)

« La voix de notre Bien-Aimé ne se fait pas entendre, et celle des créatures semble nous méconnaître. Oui, la peine la plus amère est celle de n'être pas comprise ! »

Sainte Thérèse de l'Enfant-Jésus (L 149)

Méditation du 5ᵉ jour de la neuvaine

Thérèse avait le sens de l'obéissance ecclésiastique et religieuse. Elle souffrit néanmoins de n'être pas toujours comprise de ses supérieures les plus proches, ni même parfois d'amis spirituels comme l'abbé Bellière auquel elle écrivit le 25 avril 1897 : « Vous ne me connaissez pas telle que je suis en réalité » (L 224)**. Au-dessus de la tête de ses supérieures, sa foi entrevoyait la sainte Face de son Dieu, ajoutant même dans sa « folle » espérance : « Et si parfois tu sembles te cacher, c'est Toi qui viens m'aider à te chercher »** (P, 15.8.1896)**.**

Prière de la neuvaine

« Sainte Thérèse de l'Enfant-Jésus… Amen. » (cf. 1ᵉʳ jour de la neuvaine)

On conclut par un Notre Père, un Je vous salue Marie et le Gloire à Dieu.

Sixième jour

Pour ceux qui sont dans des douleurs paroxys-tiques

« Elle (Sœur Thérèse) conjure que l'on prie pour elle parce que, dit-elle, "c'est à

en perdre la raison". Elle demande qu'on ne laisse pas à sa portée les médicaments poison et conseille qu'on n'en laisse jamais près des malades qui souffriraient les mêmes tortures toujours pour ce motif que "c'est à en perdre la raison" et que, ne sachant plus ce que l'on fait, on pourrait très bien se donner la mort. D'ailleurs, si elle n'avait pas eu la foi, elle n'aurait pas hésité un instant à se (la) donner. »

Mère Agnès de Jésus (CV, I, p. 8-9)

« C'est parce qu'on pense au passé et à l'avenir qu'on se décourage et qu'on désespère. »

Sainte Thérèse de l'Enfant-Jésus (CJ, 19.8.10)

« Oh ! non (je ne suis pas triste) : de moment en moment, on peut beaucoup supporter ! »

Sainte Thérèse de l'Enfant-Jésus (CJ, 14.6)

« Je suis sans pensée. Je souffre de minute en minute. »

Sainte Thérèse de l'Enfant-Jésus (CJ, 26.8.3)

« C'est bien la souffrance pure, parce qu'il n'y a pas de consolation. Non, pas une !... Oui, mon Dieu, tant que vous vou-drez, mais ayez pitié de moi !... Je suis, je suis réduite... Non, je n'aurais jamais cru

qu'on pouvait tant souffrir... jamais, jamais !... Mon Dieu... je... vous aime ! »

Dernières paroles de Sainte Thérèse à l'agonie (CJ, 30.9)

Méditation du 6ᵉ jour de la neuvaine

Dans les deux derniers mois, les intestins de Thérèse se bloquaient, ce qui lui provoquait des douleurs « à crier ». Elle souffrait aussi de crises d'étouffement qui la faisaient « gémir » (témoignage de Mère Agnès). La courageuse petite Sœur trouvait des forces de combattante aguerrie pour ses souffrances de l'âme, mais, pour ce qui était de son jeune corps torturé, elle se découvrait démunie « comme un enfant tout petit » (CJ, 26.8.3). **Dans la ligne de saint Paul qui n'en pouvait plus de son « écharde » et s'en plaignait à Dieu** (2 Co 12, 8), **elle reconnut elle-même : « Comme il faut que le bon Dieu aide quand on souffre tant ! »** (CJ, 26.8.9). **À la lumière de ses confidences diverses, on peut considérer que son corps crucifié de douleur fut l'autel de son âme s'offrant en martyre d'amour à son Bien-Aimé « debout et comme immolé »** (Ap 5, 6) **pour Sa gloire et le salut des âmes.**

Prière de la neuvaine

« Sainte Thérèse de l'Enfant-Jésus... Amen. » (cf. 1ᵉʳ jour de la neuvaine)

On conclut par un Notre Père, un Je vous salue Marie et le Gloire à Dieu.

Septième jour

Pour ceux qui ont de grandes difficultés à prier

« Quand on pense que j'ai eu tant de mal toute ma vie à dire mon chapelet ! »
Sainte Thérèse de l'Enfant-Jésus (CJ, 20.8.16)

« Je voudrais être sûre qu'elle m'aime, la Sainte Vierge. »
Sainte Thérèse de l'Enfant-Jésus (CJ, 20.8.15)

« L'Office a été à la fois mon bonheur et mon martyre, parce que j'avais un si grand désir de bien le réciter et de ne pas y faire de fautes... J'excuse beaucoup les sœurs qui oublient ou qui se trompent. »
Sainte Thérèse de l'Enfant-Jésus (CJ, 6.8.6)

« J'accepte tout pour l'amour du bon Dieu, même toutes sortes de pensées extravagantes qui me viennent à l'esprit. »
Sainte Thérèse de l'Enfant-Jésus (CJ, 4.6.3)

« Quand je ne sens rien, que je suis *incapable* de prier... c'est le moment de chercher les petites occasions, des *riens* qui font plaisir (à Jésus et au prochain)... par exemple, un sourire, une parole aimable alors que j'aurais envie de ne rien dire ou d'avoir l'air ennuyé, etc. »

Sainte Thérèse de l'Enfant-Jésus (LT 143)

Méditation du 7ᵉ jour de la neuvaine

La prière, comme la foi, est une grâce de Dieu. Quand la foi s'obscurcit, il devient difficile et pénible de parler à un Dieu qui semble s'être effacé, ou du moins nous avoir oubliés. Thérèse nous indique alors un sûr chemin : aller quand même au maximum de nos faibles forces, mais aller aussi vers cet autre ciboire de Dieu qu'est le prochain : « "Quand t'avons-nous vu malade ou en prison et sommes-nous venus te voir ?" Et le Roi leur répondra : "En vérité, toutes les fois que l'avez fait à l'un de ces plus petits qui sont les miens, c'est à moi que vous l'avez fait !" » (Mt 25, 39-40).

Prière de la neuvaine

« Sainte Thérèse de l'Enfant-Jésus... Amen. » (cf. 1ᵉʳ jour de la neuvaine)

On conclut par un Notre Père, un Je vous salue Marie et le Gloire à Dieu.

Huitième jour

Pour ceux qui sont en butte à des persécutions diaboliques

Durant le printemps 1883, Thérèse âgée de dix ans fut frappée de tremblements, de délires, de pertes de conscience. Le médecin évoqua la danse de saint Guy. On multiplia les neuvaines. Bien après sa guérison du 13 mai par la « Vierge au sourire », Thérèse proposa sa propre explication : « Je crois que le démon avait reçu un pouvoir extérieur sur moi, mais qu'il ne pouvait approcher de mon âme ni de mon esprit, si ce n'est pour m'inspirer des frayeurs très grandes de certaines choses. »

Sainte Thérèse de l'Enfant-Jésus (MsA, 29r°)

« Le démon est autour de moi, je ne le vois pas, mais je le sens. Il me tourmente, il me tient comme une main de fer pour m'empêcher de prendre le plus petit soulagement. Il augmente mes maux afin que je désespère. Et je ne puis pas prier !

Je puis seulement regarder la Sainte Vierge et dire : Jésus ! »

Sainte Thérèse un mois et demi avant sa mort

(DE/G, 16.8)

« (Sœur Geneviève), vous avez une âme de bonne volonté. Ne craignez rien (du démon) : vous avez une petite chienne qui vous sauvera de tous les périls. » (allusion aux paroles d'un possédé qui avait reconnu qu'il pouvait venir à bout de tout, sauf de « cette chienne de bonne volonté »)

Sainte Thérèse de l'Enfant-Jésus (DE/G, 24.7)

Méditation du 8ᵉ jour de la neuvaine

Quand le vrai surnaturel se manifeste, le démon n'est pas loin et peut lui aussi se manifester avec des signes plus ou moins sensibles, voire tout à fait subtils au point de pouvoir, s'il était possible, « tromper même les élus » (Mt 24, 24). **Thérèse est passée par-là et nous indique la parade : ne pas quitter Jésus et Marie du regard, les invoquer comme nous pourrons et, quoi qu'il arrive, conserver une volonté bonne et droite même lorsque tout se trouble autour de soi.**

Prière de la neuvaine

**« Sainte Thérèse de l'Enfant-Jésus...
Amen. »** (cf. 1er jour de la neuvaine)

On conclut par un Notre Père (insister lentement sur la dernière demande), un Je vous salue
Marie et le Gloire à Dieu.

Neuvième jour

Pour ceux qui n'arrivent pas à envisager la
mort dans l'espérance

**« Sans doute, c'est une grande grâce
de recevoir les (derniers) sacrements,
mais quand le bon Dieu ne le permet pas,
c'est bien quand même : tout est grâce ! »**

Sainte Thérèse de l'Enfant-Jésus (CJ, 5.6.4)

**« Ce n'est pas la mort qui viendra me
chercher, c'est le bon Dieu... La mort,
c'est la séparation de l'âme du corps, ce
n'est que cela ! »**

Sainte Thérèse de l'Enfant-Jésus (CJ, 1.5.1)

**« Je ne meurs pas, j'entre dans la
vie ! »**

Sainte Thérèse de l'Enfant-Jésus (L 244, 29)

**« Mourir d'amour, ce n'est pas mourir
dans les transports (de joie). Je vous**

l'avoue franchement... La souffrance (que je ressentirai alors) pourra atteindre des limites extrêmes, mais je suis sûre que le bon Dieu ne m'abandonnera jamais. »

Sainte Thérèse de l'Enfant-Jésus (CJ, 4.7.2-3)

« Je ne sais pas comment je ferai pour mourir... Ah ! je suis bien abandonnée... Comme le bon Dieu voudra ! »

Sainte Thérèse de l'Enfant-Jésus (DE/MSC, 1.8)

« Si le bon Dieu exauce mes désirs, mon Ciel se passera sur la terre jusqu'à la fin du monde. Oui, je veux passer mon Ciel à faire du bien sur la terre... Je ne peux pas me reposer tant qu'il y aura des âmes à sauver. »

Sainte Thérèse de l'Enfant-Jésus (CJ, 17.7)

Méditation du 9ᵉ jour de la neuvaine

Ceux qui aiment la petite Thérèse ne doivent jamais oublier son deuxième prénom « de la Sainte Face ». Sa vie humble et brève fut certes vécue à l'ombre paisible de l'esprit d'enfance, mais aussi à l'ombre grave de l'union sur la croix. Elle souhaita toujours rester petite et sans force comme l'Enfant Jésus près de Marie, mais elle voulut également toujours embrasser généreusement la croix du Sauveur, assurée qu'en s'abandonnant à son Amour, elle serait élevée, par grâce et non par mérite, jusqu'à son Cœur, source de toute grâce pour elle et pour le monde, pour son temps et tous les temps. « Ma seule paix, mon seul bonheur, mon seul Amour, c'est le Seigneur ! » (P « Jésus seul », st. 1).

Prière de la neuvaine

« Sainte Thérèse de l'Enfant-Jésus... Amen. » (cf. 1ᵉʳ jour de la neuvaine)

On conclut par un Notre Père, un Je vous salue Marie et le Gloire à Dieu.

10

Neuvaine à l'Ange gardien messager de Dieu et protecteur

Un peu d'histoire

Le 29 septembre, la liturgie célèbre les trois archanges Michel, Gabriel et Raphaël, ainsi que tous les anges du Ciel. Deux jours plus tard, elle souhaite attirer l'attention des fidèles sur ces anges qui sont préposés par Dieu à la garde et l'aide constante des êtres humains, ces anges que l'on nomme traditionnellement les *anges gardiens*.

Leur existence est attestée par l'Écriture (par ex. en Mt 18, 10), par le Magistère romain (par ex. dans le *Catéchisme de l'Église Catholique*, § 336) et par les saints (par ex. saint Bernard, le Curé d'Ars, sainte Thérèse de l'Enfant-Jésus). Dès l'époque de l'Église primitive, cette croyance était vécue au quotidien comme l'atteste l'épisode des Actes dans lequel les disciples crurent recevoir un soir la visite de

« l'ange » de l'apôtre Pierre (Ac 12, 15). Pour saint Thomas d'Aquin, les anges sont de purs esprits qui diffèrent spécifiquement les uns des autres ; ils sont appelés à adorer et servir Dieu ; ils participent à son gouvernement des créatures, les aidant à accomplir leur vocation propre. Chez les êtres humains, cela peut se traduire par des suggestions intellectuelles, des impressions imaginatives, des conseils intérieurs qui inclinent vers le bien et vers davantage de liberté spirituelle (cf. *Sum. theol.*, Ia q. 113, art. 1).

Un réel échange d'amitié peut et devrait exister entre tout homme et son ange gardien. De nombreux saints en donnèrent un vivant exemple. Dans l'une de ses poésies intitulée *À mon Ange gardien*, sainte Thérèse de l'Enfant-Jésus n'hésite pas à appeler son ange le glorieux Gardien de son âme, son Frère, son Ami, son Consolateur (PN 46). Une fois de plus, par là elle nous montre un chemin sûr, réservé aux humbles et aux petits, comme elle-même.

Intentions principales de la neuvaine

- Pour une plus grande union à l'ange gardien.
- Pour une plus grande attention à ses suggestions.
- Pour un secours particulier lors d'un événement difficile, d'une rencontre délicate…

• Pour un plus grand respect envers sa présence sainte et amicale, car, tout en veillant sur nous, il contemple sans cesse la Face adorable de Dieu.

• En action de grâce pour tous les bienfaits obtenus durant notre vie par son intercession.

Quand faire la neuvaine

Autant que possible, on visera le jour de la fête des Anges gardiens le 2 octobre, ce qui fera commencer la neuvaine le 24 septembre.

Premier jour

Enseignement de l'Écriture

« Dieu a donné ordre à ses anges de te garder dans toutes tes voies. Ils te porteront sur leurs mains, de peur que ton pied ne heurte la pierre. Tu pourras marcher sur le scorpion et le serpent, fouler aux pieds le lionceau et le dragon. »

Ps 91, 11-13

Méditation du 1ᵉʳ jour de la neuvaine

Puisque l'Écriture et l'Église l'attestent, nous devrions croire davantage au ministère de l'ange gardien auprès de

nous. Puisque sa sollicitude est de tous les instants, la moindre des choses serait de lui réserver chaque jour un instant pour le saluer respectueusement et affectueusement. Comprenons que l'action prévenante et subtile des anges parmi nous est l'une des formes que prend la Providence divine pour exaucer la dernière demande du Notre Père : « Délivre-nous du Mal ! »

Prières de la neuvaine

Bon Ange de Dieu qui es mon Gardien, éclaire-moi, guide-moi, protège-moi. Ne m'abandonne jamais, tout pécheur que je sois. Prends-moi par la main et conduis-moi jusqu'au bout dans les saintes voies de l'amour de Dieu. Amen.

Seigneur Dieu, nous te bénissons d'avoir confié chacun de nous à la sollicitude d'un ange pour qu'en ton Nom, il nous garde de tout mal et nous aide à mieux accomplir ta sainte volonté. Daigne agréer les prières et actions de grâce qu'il te présente pour nous, spécialement au cours de cette neuvaine (ici, on peut préciser une intention). Qu'avec son aide, nous puissions mieux te servir et t'aimer, pour le temps et l'éternité ! Amen.

On récite ensuite lentement l'invocation suivante en union avec son ange gardien

Saint, saint, saint est le Seigneur, notre Dieu !

Louange, gloire et honneur éternellement

à la très douce, très noble, très lumineuse, très glorieuse,

toute puissante et toute aimante Trinité Sainte ! Amen.

On conclut par la méditation d'une dizaine de chapelet (choisir de préférence le cinquième Mystère glorieux en mettant en valeur le titre de Marie, Reine des Anges), et le Gloire à Dieu.

Deuxième jour

Enseignement de l'Écriture

« Voici que j'envoie un ange devant toi, pour te garder dans le chemin et pour t'introduire au lieu que j'ai préparé. Prends garde à toi à cause de sa présence et écoute sa voix. Ne l'irrite pas, car... mon Nom est en lui. Si tu écoutes attentivement sa voix, si tu fais tout ce que je te dirai (par sa bouche), je serai l'ennemi de tes ennemis et l'adversaire de tes adversaires. »

Ex 23, 20-22

Méditation du 2ᵉ jour de la neuvaine

Le Nom divin, c'est-à-dire la sainte Présence du Très-Haut, demeure sans cesse en notre ange gardien. En est-il de même pour nous ? Si nous vivions davantage dans la présence de Dieu, le lieu où nous sommes nous deviendrait un espace sacré où le péché n'a plus sa place. Les conditions extérieures du recueillement sont connues et pourtant peu vécues : le silence intérieur et extérieur, ou du moins le calme et l'ordre, la paix et toute beauté qui élève l'âme.

Prières de la neuvaine

Bon Ange de Dieu... (cf. 1ᵉʳ jour de la neuvaine)

Seigneur Dieu... (idem)

Saint, saint, saint... (id.)

On conclut par la méditation d'une dizaine de chapelet (choisir de préférence le cinquième Mystère glorieux en mettant en valeur le titre de Marie, Reine des Anges), et le Gloire à Dieu.

NEUVAINES POUR LES JOURS DIFFICILES

Troisième jour

Enseignement de l'Écriture et de la Tradition

« Dans les cieux, les anges de ces petits voient sans cesse la Face de mon Père des cieux. »

Mt 18, 10

« De même que l'artiste considère intérieurement le projet de l'œuvre qu'il réalise extérieurement, ainsi l'ange tout à la fois contemple Dieu et sert les hommes. »

Saint Thomas d'Aquin, Comment. in Sent., 1, 2, dis. 10,
q. 1, a. 4

Méditation du 3ᵉ jour de la neuvaine

Certains « beaux esprits » considèrent les enfants comme des êtres de deuxième rang, car trop ignorants et immatures. En fait, le petit enfant est une personne à part entière, mais qui n'a pas pu encore épanouir toutes ses potentialités. Dans l'Antiquité, des philosophes s'étaient demandé si le jeune enfant possédait une âme raisonnable et la dignité de l'adulte, puisqu'il était *infans*, c'est-à-dire incapable de parler (les Grecs iront jusqu'à l'appeler *païs*, ce qui signifie aussi esclave). Jésus répond à ces doutes en déclarant

que même le petit enfant bénéficie de la présence d'un ange. Qui plus est, celui-ci contemple sans cesse la face du Père céleste, autrement dit la sainte Présence divine qui demeure en l'ange gardien rejaillit de quelque façon sur son jeune protégé et l'investit d'une dignité angélique participée. Désormais, lorsque nous souhaiterons prendre « nos distances » par rapport à de jeunes enfants trop « dérangeants », rappelons-nous que ces petits sont environnés d'anges contemplatifs qui, néanmoins, veillent sur eux attentivement.

Prières de la neuvaine

Bon Ange de Dieu… (cf. 1er jour de la neuvaine)

Seigneur Dieu… (idem)

Saint, saint, saint… (id.)

On conclut par la méditation d'une dizaine de chapelet (choisir de préférence le cinquième Mystère glorieux en mettant en valeur le titre de Marie, Reine des Anges), et le Gloire à Dieu.

Quatrième jour

Enseignement de la Tradition

« Les justes ont plus d'affinité avec les anges qu'avec n'importe quelle autre créature. "L'ange du Seigneur, dit le Psalmiste, campera au milieu de ceux qui craignent Dieu et les délivrera." (Ps 33, 8) »

Saint Thomas d'Aquin, Sum. III^a, a. 5, d. 2

« Jamais une âme ne demeure sans la compagnie des anges, tant ces esprits éclairés savent que notre âme a plus de valeur que tout l'univers matériel. »

Saint Bernard

Méditation du 4ᵉ jour de la neuvaine

Quand on est un « pauvre pécheur » et que l'on rencontre une personne très unie à Dieu, cette dernière nous fait en quelque sorte toucher la beauté et la bonté de Dieu. Elle rayonne sans le savoir une paix surnaturelle. Cette expérience, les anges la font aussi à leur niveau. Ils sont heureux d'approcher des justes qui, comme eux, vivent en Dieu, cherchant à lui plaire en tout. Autant que nous le pouvons, tâchons donc de ne pas contrister notre ange gardien et de rendre sa mission auprès de nous la plus aimable possible. Vivons

comme des justes à la lumière des béatitudes (Mt 5, 3-12) **et, pour cela, commençons par purifier notre âme par le sacrement de pénitence. Demandons à notre ange de nous aider à préparer notre confession, la rencontre avec le confesseur et la vie droite et pénitente qui suivra.**

Prières de la neuvaine

Bon Ange de Dieu... (cf. 1ᵉʳ jour de la neuvaine)

Seigneur Dieu... (idem)

Saint, saint, saint... (id.)

On conclut par la méditation d'une dizaine de chapelet (choisir de préférence le cinquième Mystère glorieux en mettant en valeur le titre de Marie, Reine des Anges), et le Gloire à Dieu.

Cinquième jour

Enseignement de l'Écriture et de la Tradition

« Soudain, l'ange du Seigneur survint et le cachot (de Pierre) fut inondé de lumière... "C'est son ange !" s'écrièrent les disciples. »

Ac 12, 7, 15

« C'est Dieu qui envoie les anges nous protéger et secourir. C'est donc Dieu qu'il faut remercier et c'est en Lui qu'il convient de les aimer. Ils sont fidèles, sages et puissants : qu'avons-nous à craindre ? Suivons-les et nous resterons sous la sauvegarde du Dieu céleste. »

Saint Bernard, Homélie sur Ps 10, XII, 3-8

Méditation du 5ᵉ jour de la neuvaine

La délivrance de Pierre s'opéra dans le cadre extérieur de la vie courante. Aujourd'hui, n'aurions-nous pas besoin d'une délivrance intérieure ? Demandons à notre ange de venir nous illuminer et libérer comme le fit autrefois l'ange de Pierre dans la prison qui le retenait captif.

Saint Bernard enseigne que les anges qui nous accompagnent sont « fidèles, sages et puissants ». Puisque c'est Dieu qui les envoie auprès de nous, chacun d'eux a pour chacun de nous un certain nombre de grâces spécifiques à transmettre. Malheureusement, cette divine transmission s'effectue souvent avec des retards, de façon difficile et incomplète, car nous faisons obstacle. Comment ? Par une vie trop sensuelle et égoïste, par des compromissions avec le mensonge et l'esprit du monde.

Tout cela éloigne et contriste les anges, même s'ils sont nos gardiens.

Prières de la neuvaine

Bon Ange de Dieu... (cf. 1er jour de la neuvaine)

Seigneur Dieu... (idem)

Saint, saint, saint... (id.)

On conclut par la méditation d'une dizaine de chapelet (choisir de préférence le cinquième Mystère glorieux en mettant en valeur le titre de Marie, Reine des Anges), et le Gloire à Dieu.

Sixième jour

Enseignement de l'Écriture

« Tous les anges ne sont-ils pas chargés d'un ministère, envoyés en service pour ceux qui doivent hériter du salut ? »
He 1, 14

Paroles qu'entendit un jour le saint Padre Pio de son ange gardien : « Mon enfant, je suis toujours auprès de toi. Mon affection pour toi ne cessera pas, même avec la mort. »

La Voix du Padre Pio, sept. 1972, p. 9

Méditation du 6ᵉ jour de la neuvaine

Le compagnonnage d'âmes entre humains est aléatoire, car la faiblesse, le péché et le vieillissement peuvent perturber les plus belles unions. Dans sa vie relationnelle, le croyant peut tout de même s'appuyer sur un point fixe providentiel, sur une solide amitié voulue par Dieu, celle qui unit l'âme humaine à son ange gardien. Pourquoi vivre en tournant le dos à cette vérité si consolante d'une « affection pour nous qui ne cessera jamais » ?

Prières de la neuvaine

Bon Ange de Dieu... (cf. 1ᵉʳ jour de la neuvaine)

Seigneur Dieu... (idem)

Saint, saint, saint... (id.)

On conclut par la méditation d'une dizaine de chapelet (choisir de préférence le cinquième Mystère glorieux en mettant en valeur le titre de Marie, Reine des Anges), et le Gloire à Dieu.

Septième jour

Enseignement de la Tradition

« Nous devons nous tenir unis à nos saints anges ; nous devons former avec eux une grande et puissante famille, en vue des temps vers lesquels nous allons. »

Pape Pie XII en 1958

« Avant de prêcher, saint François de Sales se plaisait à promener ses regards sur l'assistance pour saluer et invoquer, invisiblement présents, les anges gardiens de ses auditeurs. »

Georges Huber, *Mon Ange…*, éd. Saint Paul, 1970, p. 27

Méditation du 7ᵉ jour de la neuvaine

Dans certains pays germaniques et arabes, les croyants se saluent en disant : « Bonjour à vous et à la compagnie ! » Cette compagnie n'est autre que l'ange ou les anges qui se trouvent également présents avec la ou les personnes rencontrées. De nos jours, qu'il serait réconfortant de retrouver une telle foi, un tel « sens du divin » permettant de pressentir l'Invisible (He 11, 27) **et d'élargir notre famille spirituelle aux anges de nos proches !**

Prières de la neuvaine

Bon Ange de Dieu... (cf. 1er jour de la neu-vaine)

Seigneur Dieu... (idem)

Saint, saint, saint... (id.)

On conclut par la méditation d'une dizaine de chapelet (choisir de préférence le cinquième Mystère glorieux en mettant en valeur le titre de Marie, Reine des Anges), et le Gloire à Dieu.

Huitième jour

Enseignement de la Tradition et témoignage

« Lorsque Dieu communique aux hommes non pas une grâce surnaturelle, mais une idée, une suggestion, une inspiration, il se sert de l'intermédiaire de l'ange gardien. Celui-ci agit secrètement sur les facultés de l'homme. »

Saint Thomas d'Aquin, *Sum. Theol.*, Iª, q. 113, art. 1, ad. 2

« Trois fois je l'ai senti (mon ange gardien) m'empoigner, m'arracher à des volontés, à des actes médités, préparés, voulus. Il a des trucs incroyables ! »

Lettre de Charles Péguy à Joseph Lotte, sept. 1913

Méditation du 8ᵉ jour de la neuvaine

Le phare de toute vie spirituelle, surtout quand la foi se vit plus difficilement, est le *discernement*, le tri entre les motions et idées qui viennent du divin, de l'humain ou du malin. Chez certaines personnes très unies à Dieu, la reconnaissance de ce qui vient de Lui est spontanée, intuitive, et peut se colorer d'un style particulier quand ce qui leur est ainsi donné vient par l'ange gardien. « Heureux les cœurs purs, avait prévenu Jésus, car ils verront Dieu » (Mt 5, 8)**. Et c'est un fait d'expérience : les cœurs purs, simples, dociles aux suggestions de l'Esprit, savent habituellement reconnaître non seulement quand Dieu se manifeste, mais aussi quand Il le fait par l'intermédiaire de l'ange gardien.**

Prières de la neuvaine

Bon Ange de Dieu... (cf. 1ᵉʳ jour de la neuvaine)

Seigneur Dieu... (idem)

Saint, saint, saint... (id.)

On conclut par la méditation d'une dizaine de chapelet (choisir de préférence le cinquième

Mystère glorieux en mettant en valeur le titre de Marie, Reine des Anges), et le Gloire à Dieu.

Neuvième jour

Enseignement de l'Écriture et témoignage

« Mon ange marchera devant toi... »

Ex 23, 23

« Un ange du ciel lui apparut (à Jésus, au jardin de Gethsémani), et il le réconfortait. »

Lc 22, 43

« Quand tu passes devant la chapelle, n'ayant pas le temps de t'arrêter, charge ton ange gardien de porter tes commissions à Notre Seigneur au tabernacle. Il les portera et aura ensuite le temps de te rattraper. »

Sainte Bernadette à Sœur Garros, *Sainte Bernadette disait*, éd. Saint Gildard, 1978, p. 62

Méditation du 9ᵉ jour

La Bible mentionne les anges plus de trois cents fois et leurs interventions concrètes dans la vie des saints et des fidèles sont innombrables. Pourquoi donc continuons-nous à nous déclarer « seuls

au monde », trop solitaires et quasi désespérés ? N'oublions pas cet ange particulier qui, dans la vision de Dieu, pense
sans cesse à nous. Demandons chaque
jour à ce fidèle gardien d'être notre
ambassadeur auprès de tous nos interlo-
cuteurs de la journée. Enfin, pénétrons-
nous de cette vérité vécue et témoignée
par un grand saint : « Le désir de ce puissant gardien de nous garder est beaucoup
plus grand que celui que nous avons
d'être aidés par lui ! » (Saint Jean Bosco,
Mémoires biographiques, II, 264).

Prières de la neuvaine

Bon Ange de Dieu... (cf. 1er jour de la neuvaine)

Seigneur Dieu... (idem)

Saint, saint, saint... (id.)

On conclut par la méditation d'une dizaine
de chapelet (choisir de préférence le cinquième
Mystère glorieux en mettant en valeur le titre de
Marie, Reine des Anges), et le Gloire à Dieu.

Conclusion

Il convient d'utiliser ce livre comme un chemin d'instante prière et d'abandon à la Providence, non comme un recueil de prétendues bonnes recettes spirituelles, ou pire, comme une succession de formules quasi magiques, efficaces par elles-mêmes, indépendamment de l'état spirituel du priant et de son désir de correspondre à la volonté de Dieu, quelle qu'elle soit. Même une aussi grande sainte que Thérèse de l'Enfant-Jésus a prié des neuvaines (MsA 80, 24) et toutes sortes d'autres prières, et s'est tout de même heurtée au mystère douloureux du non-exaucement, du moins apparent : « Cette réponse me prouvait que je n'étais pas exaucée » (L 67, 28) ; « Je prie souvent les saints sans être exaucée » (CJ 11.8.5) ; « Quand on a prié la Sainte Vierge et qu'elle ne nous exauce pas, c'est signe qu'elle ne veut pas. Alors il faut la laisser faire à son idée et ne pas se tourmenter » (CJ 23.8.8).

Comme Job et comme Thérèse, allons donc à Dieu avec confiance, simplicité et amour, lui disant avec cette dernière : « Je sais bien que je ne serai jamais digne de ce que j'espère, mais, mon Dieu, je vous tends la main comme une petite mendiante, et je suis sûre que vous m'exaucerez pleinement, car vous êtes si bon ! » (DE/G 5.8.3). Et s'Il ne nous exauce pas exactement comme nous l'espérions, c'est qu'Il veut que nous restions plus près de la croix de son Fils, seul lieu du plus grand amour, là où se sauve l'humanité de tous les temps.

Remerciements

Nous remercions nos éditeurs de nous avoir aimablement auto-
risé à reprendre dans ce livre trois neuvaines déjà publiées
dans d'autres de nos ouvrages, neuvaines que, pour la présente édition, nous avons notablement remaniées et ampli-
fiées.
Il s'agit des titres suivants :

- Neuvaine au Christ dans son Sacré-Cœur, dans *Prière des hum-
  bles*, éditions Saint Paul, 2002, p. 154-161 ;
- Neuvaine à N.D. du Perpétuel Secours, dans *Prières pour les
  causes difficiles*, éditions Chalet-Mame, 2005, p. 63-69 ;
- Neuvaine à Saint Joseph, dans *L'Humble de Dieu, Joseph de
  Nazareth*, éditions Parole & Silence, 2003, p. 33-52.

Dans ces trois titres, nos lecteurs pourront trouver d'autres neuvaines, qui ne sont pas dans cet ouvrage, mais qui concernent
moins directement « les jours difficiles ». Par exemple, une
grande neuvaine à Notre Dame de l'Assomption dans *Prière
des humbles*, p. 174.

Nous remercions également toutes les personnes qui nous ont
aidé à la réalisation de ce livre, spécialement le regretté
Mgr Pierre Jounel qui encouragea le projet dès mars 1990,
Loïc Joncheray qui en relança récemment l'idée, le Père
Michel Dupuy pour ses heureuses suggestions, et Maryse
L.-C. qui voulut bien relire et annoter le manuscrit.

Prières usuelles

LE SIGNE DE CROIX

Au début et à la fin de toute prière, les chrétiens ont l'habitude de faire sur eux le signe de la Croix. On se signe avec la main. Jusqu'au XIIe siècle, on n'étendait que les trois premiers doigts en l'honneur de la Sainte Trinité. Quoi qu'il en soit, on part du front en le touchant, on va au cœur, ensuite on va toucher chacune des épaules, à gauche puis à droite (si on est de rite latin). En même temps, on dit :

Au nom du Père, et du Fils, et du Saint-Esprit. Amen.

Cet humble et néanmoins important acte de foi, peut se pratiquer après que l'on ait trempé la main dans de l'eau bénite. Les Pères de l'Église évoquaient un double effet du signe de Croix correspondant au double effet de la Passion du Christ : implorer la grâce de Dieu et chasser l'esprit du Mal « qui rôde comme un lion » (1 P 5, 8).

NOTRE PÈRE qui es aux cieux,
que ton Nom soit sanctifié,
que ton règne vienne,
que ta volonté soit faite sur la terre comme au ciel.
Donne-nous aujourd'hui notre pain de ce jour.
Pardonne-nous nos offenses
comme nous pardonnons aussi
à ceux qui nous ont offensés.
Et ne nous soumets pas à la tentation,
mais délivre-nous du Mal.
[Car c'est à toi qu'appartiennent
le règne, la puissance et la gloire,
pour les siècles des siècles.]
Amen.

ACTE DE CONTRITION
(au moment de la Confession)

Mon Dieu, j'ai un très grand regret de t'avoir offensé, parce que tu es infiniment bon, infiniment aimable, et que le péché te déplaît. Je prends la ferme résolution, avec le secours de ta sainte grâce, de ne plus t'offenser et de faire pénitence. Amen.

JE VOUS SALUE MARIE,
**pleine de grâce,
le Seigneur est avec vous,
vous êtes bénie entre toutes les femmes,
et Jésus, le fruit béni de vos entrailles, est béni.
Sainte Marie, Mère de Dieu,
priez pour nous pauvres pécheurs,
maintenant et à l'heure de notre mort.
Amen.**

LE GLOIRE À DIEU
**Gloire au Père, et au Fils, et au Saint-Esprit,
au Dieu qui est, qui était et qui vient,
pour les siècles des siècles.
Amen.**

Autre formulation possible :
**Gloire au Père, au Fils et au Saint-Esprit,
comme il était au commencement,
maintenant et toujours,
dans les siècles des siècles.
Amen.**

Veni Creator
**VIENS ESPRIT CRÉATEUR,
visite l'âme de tes fidèles,
et remplis de la grâce d'en haut
les cœurs que tu as toi-même créés.
Toi qu'on nomme le Consolateur, le Don du Dieu très haut,**

la Source vivante, le Feu, la Charité, l'Onction spirituelle ;
tu es l'Esprit aux sept dons, le doigt de la main du Père,
son authentique promesse, celui qui enrichit toute
prière.

Fais briller sur nous la lumière, répands l'amour
dans nos cœurs,
soutiens la faiblesse de nos corps par ton éternelle
vigueur.
Repousse au loin l'Ennemi, donne-nous la paix qui
dure :
que sous ta prévenante conduite, nous évitions le mal.

Fais-nous connaître le Père, révèle-nous aussi le Fils,
et toi, leur commun Esprit,
fais-nous toujours croire en toi. Amen.

Pour le *Veni Sancte Spiritus* (Viens, Esprit Saint), voir p. 42.

Manière de dire une dizaine de chapelet

On commence par faire sur soi le signe de la croix (cf. plus
haut).

On mentionne ensuite l'un des vingt Mystères évangéliques
sur lequel on va méditer. La tradition catholique actuelle distingue vingt Mystères du Rosaire, qui se partagent entre les
Mystères Joyeux, Lumineux, Douloureux et Glorieux.

Avant de commencer la récitation proprement dite, on peut
évoquer une intention ecclésiale et/ou particulière.

Ensuite, on récite le Notre Père, dix Je vous salue Marie et
le Gloire à Dieu (cf. plus haut).

On peut conclure par la prière suivante recommandée par
Notre Dame de Fatima :

Ô mon Jésus, pardonne-nous nos péchés,
préserve-nous du feu de l'enfer
et conduis au Ciel toutes les âmes,
spécialement celles qui ont le plus besoin
de ta miséricorde. Amen.

TABLES DES FÊTES LITURGIQUES CITÉES DANS CE LIVRE

FÉVRIER
11… N.D. de Lourdes

MARS
19… saint Joseph

AVRIL
1ᵉʳ dim. ap. Pâques… la Miséricorde divine
Pentecôte… le Saint-Esprit

MAI
1ᵉʳ… saint Joseph
22 mai… sainte Rita

JUIN
13… saint Antoine de Padoue
vend. du 2ᵉ dim. ap. Pentecôte… le Cœur du Christ
27… N.D. du Perpétuel Secours

AOÛT
15… N.D. qui défait les nœuds

OCTOBRE
1ᵉʳ… sainte Thérèse de Lisieux
2… l'Ange gardien

NOVEMBRE
27… N.D. de la Médaille miraculeuse

DÉCEMBRE
8… N.D. de Lourdes (l'Immaculée)
28… les Saints Innocents

Table thématique des intentions

En cas de peine et de trouble

Nv. psalmique (NvB, 1)
Nv. au Saint-Esprit (NvL, 2)
Nv. à Saint Joseph (NvL, 7)
Nv. à Saint Antoine de Padoue (NvL, 8)
Nv. à Sainte Thérèse de l'Enfant-Jésus (NvL, 9)

Pour toute intention difficile

Nv. à Jésus miséricordieux, du Saint Padre Pio (NvB, 3)
Nv. à N.D. du Perpétuel Secours (NvL, 3)
Nv. à Saint Joseph (NvB, 6)
Nv. de grâce, de Saint François-Xavier (NvB, 8)
Nv. à Sainte Rita (NvB, 9)
Nv. à Sainte Thérèse de l'Enfant-Jésus (NvL, 9)

Pour un secours urgent

Nv. à N.D. du Perpétuel Secours (NvL, 3)
Nv. à N.D. qui défait les nœuds (NvL, 6)
Nv. à Sainte Thérèse de l'Enfant-Jésus (NvL, 9)
Nv. à l'Ange gardien (NvL, 10)

Pour une protection particulière

Nv. à N.D. de la Médaille miraculeuse (NvL, 5)
Nv. à l'Ange gardien (NvL, 10)

Pour une conversion difficile

Nv. à Sainte Thérèse de l'Enfant-Jésus (NvB, 10)

Pour les grands pécheurs et les mal-aimés

Nv. au Christ miséricordieux (NvL, 1)

Pour les très grands souffrants

Nv. à Sainte Thérèse de l'Enfant-Jésus (NvL, 9)

Pour des parents et des enfants malheureux

Nv. aux Saints Innocents (NvB, 7)

Pour des couples et des parents en difficulté

Nv. à Saint Joseph (NvL, 7)
Nv. à N.D. qui défait les nœuds (NvL, 6)

Pour les caractères « difficiles »

Nv. à Sainte Thérèse de l'Enfant-Jésus (NvL, 9)

Pour une guérison intérieure

Nv. au Père miséricordieux, du P. Tardif (NvB, 2)
Nv. à l'Ange gardien (NvL, 10)

Pour une guérison physique ou spirituelle

Nv. au Père miséricordieux, du P. Tardif (NvB, 2)
Nv. à N.D. de Lourdes (NvL, 4)

Pour éloigner les mauvais esprits

Nv. au Père miséricordieux, du P. Tardif (NvB, 2)
Nv. à N.D. qui défait les nœuds (NvL, 6)
Nv. à l'Ange gardien (NvL, 10)

Pour être éclairé (décision, vocation, choix de vie...)

Nv. au Saint-Esprit, de St Alphonse de Liguori (NvB, 4)
Nv. au Saint-Esprit (NvL, 2)
Nv. à l'Ange gardien (NvL, 10)

Pour les distraits, ceux qui ont perdu quelque chose

Nv. à Saint Antoine de Padoue (NvL, 8)

Pour les endettés et les prisonniers

Nv. à Saint Antoine de Padoue (NvL, 8)

Pour les difficultés dans le monde du travail

Nv. à Saint Joseph (NvL, 7)

Pour l'Église tentée et persécutée

Nv. au Saint-Esprit, de St Alphonse de Liguori (NvB, 4)
Nv. au Saint-Esprit (NvL, 2)

Pour le monde en danger (cataclysme, épidémie...)

Nv. au Saint-Esprit (NvL, 2)
Nv. à Marie, Mère des hommes, du pape Jean-Paul II
   (NvB, 5)
Nv. à N.D. du Perpétuel Secours (NvL, 3)
Nv. à N.D. de la Médaille miraculeuse (NvL, 5)
Nv. à l'Ange gardien (NvL, 10)

Pour les mourants et les âmes du purgatoire

Nv. à Saint Joseph (NvL, 7)
Nv. à Sainte Thérèse de l'Enfant-Jésus (NvL, 9)
Nv. à l'Ange gardien (NvL, 10)

Abréviations
Nv. : Neuvaine
NvB : Neuvaine brève (p. 23 à 78)
NvL : Neuvaine longue (p. 79 à 307)

TABLE DES ILLUSTRATIONS

Table

Cet ouvrage a été composé par Atlant'Communication
aux Sables-d'Olonne (Vendée).

Imprimé par
l'imprimerie Corlet

en juillet 2009 pour le compte des Éditions Salvator.

Imprimé en France
N° d'impression : 122661
Dépôt légal : novembre 2007